マンガ フリーランスで行こう！

会社に頼らない、新しい「働き方」

ベルリン在住イラストレーター
高田ゲンキ 著

2003年
神奈川県○市
僕は とある広告会社で
正社員デザイナーとして
働いていた
当時26歳

プロローグ
フリーランスにあこがれて…
文系4大出身者としては異例のMacを使ったクリエイティブな職に就けて
採用です
よっしゃーーー!
2002年2月に中途採用で入社
入社当初はモチベーション上がりまくりの僕だったが
入社から1年経った頃からしだいに この環境に満足しなくなっていた…
……

その理由1
会社の体質
……つまりね 高田くん… 仕事の内容は ともかくね
君の勤務態度は 褒められませんよ?
いつも朝は ギリギリに出社して 帰りは誰より早いし…
ちょっと!! 聞いてますか!?
はぁ… スイマセン~…
この上司 全然仕事できないのに 創業時からいるってだけの 理由で役職ついてる んだよね…
理由2
尊敬できる 上司や先輩がいない
俺も この先何年も この会社に いたら この人たち みたいに なっちゃう んだろうか…
なんか ヤダな…
向上心ないし 給料安いし…
理由3
月の半分は 残業で帰りが 遅い
おいしく ない…
自腹で いいから 好きなもの 食べたい…
しかも夕食は自分で 選べない
上司の好みで メニューが決定 される出前
理由4
その割に 給料は 安い
残業代 足しても これだけか…
時給換算すると フリーター時代より 割が悪いかも…
副業も 禁止だし…
給与 明細

特に深夜まで残業したあとは…
この環境のままでは…
収入は低いままだし…
自分も成長できない
スタスタスタ…
吸収できることは最初の1年で吸いつくしてしまった…
…などと考えたものだった
こうなったら
デザインも営業も経営も自分で勉強しまくって会社に不可欠な存在になって
金はいくらでも払う!! うちの会社にいてくれ!!
たのむ!!
いいでしょう… 年俸1千万円で!
…って社長に言わせるか
ガッ
それとも
都心の超イケてる高給のデザイン事務所とかに転職するか…
キラーーン!!!
しかし都心は家賃も高いしな〜〜〜…
そんなある日仕事帰りに書店でたまたま手に取った雑誌を読んでいた時…
え!?
フリーランスイラストレーター!!?
MdN
2002.
僕は〝フリーランスイラストレーター〟という職業を知ったのだった!!

それから数週間、僕は必死でフリーランスイラストレーターになる方法を調べたところ…
フリーランスイラストレーターになるために必要なこと
画力・デッサン力だけでなくデジタルスキルが必要
自己表現ではなく
新しいトレンドに
感である必要がある
特別な資格は必要なし
美大や専門学校を出てる必要もなし
自分で営業や
イラストレーター
あれ？なんか調べれば調べるほど天職な気がしてきましたよ…
小中学校時代に漫画家目指して
漫画家になるぜ〜!!
本気で漫画描きまくって身につけた画力と…
今仕事で活かしてる
Macのスキルを合わせたら…
Ai
Ps
Fusion!
フリーランスのデジタルイラストレーターに
なれる気がするんだよね!!!

よいしょ!
ぴょん
ぴょん
フリーランスか…
シュタッ!
なんか初めてしっくりきたぜ…
なにかあるとすぐに屋根にのぼる人
よ〜〜〜〜〜し!!
なってやるぜ!!
フリーランス
イラストレーターに!!
うおおおおおおおお
この物語は 周囲から反対を受けながらも
フリーランスの道を選んだイラストレーターの
「独立の決断」「フリーになってからの努力」
「仕事が軌道に乗ってからの様々な経験」を
綴った奮闘記である
いまだ多くの人にとって未知の部分の多い
「フリーランス」という働き方を
僕の経験談を通して垣間見ていただきたい!

まえがき

「会社を辞めてフリーランスになりたい」と思う人はかなり多く、最近はますます増加しています（この本を手に取ってページをめくっている人の何割かは、恐らくそういう人ではないでしょうか）。そして、そういう人が必ずと言っていいほど経験するのが「最初の一歩を踏み出す前の不安」です。僕自身、少年時代からフリーランス的な働き方にあこがれ、14年前にイラストレーターとして独立して以来、一度もフリーランスになったことを後悔したことがない、いわゆる典型的な「フリーランス適性」を持った人間ですが、そんな僕ですら、会社を辞めて独立する時には、迷いや不安につきまとわれ、大いに悩まされたものです。そして、その時のことを思い返して「どうしてあの時あんなに不安だったのか」と考えると、「フリーランスの方法論や成功例」が世の中にあまりにも少ないからだと気付きました。

ここ数年は、僕のブログ（www.genki-wifi.net）を読んでくださった多くの若い方から「高田さんのようにフリーランサーになりたいが、どのようにしたら良いか分からないし、不安です」というメールをいただき、これだけインターネット上に情報が溢れていても相変わらずあの頃の僕と同じような悩みを持つ人が多いのだと改めて実感しています。そこで、もっとたくさんの方法論や成功例を発信する必要を感じ、このようなテーマでマンガを描くことにしました。

また、本書を通して僕がお伝えしたい上記のテーマは、あくまで「フリーランスになりたい」とか「会社を辞めて好きなことを仕事にしたい」という意思を持っている人に向けたものです。会社が好きな人やフリーランスとしての働き方に魅力を感じない人に「会社なんて辞めてフリーランスになった方が良いよ」と言いたいわけではありません。ただし、会社員適正があり会社勤めをしている人でも、いつでもフリーランスになれるスキルや知識を身につけておくことは、大いに意味があると思っています。近年社会の変化はますます激しくなり、フリーランス的な生き方や働き方は、このような激流の時代を生き抜く上で非常に有効だと思うからです。

本書では、フリーランスになる方法や、フリーランスとして働く方法の一例として、僕の実際の経験をお伝えしていきます。どうぞ、おつきあいください！

高田ゲンキ

Contents

第3章　フリーランスのモチベーション維持術……81

Contents

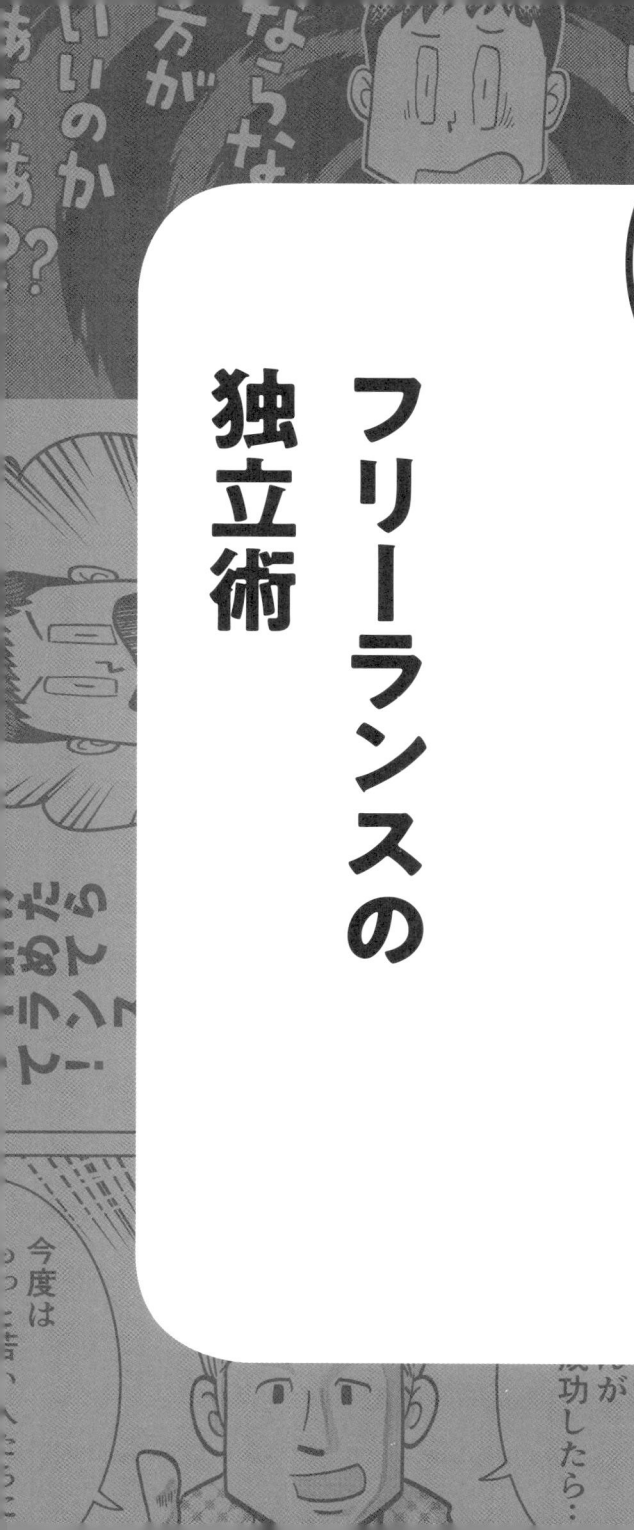

第1章

フリーランスの独立術

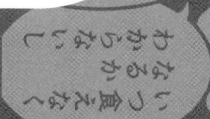

2003年12月
神奈川県某所
居酒屋 海山
かんぱーい!!
会社員だった僕は
会社の忘年会の最中
ある決意をしていた…
ブツブツ
おれは会社を辞めて…
フリーランスになる!
おつかれー
カンパーイ!
おつかれ様です!
高田ゲンキ
当時27歳
会社員
(デザイナー)
第1話
高田、会社やめるってよ

会社 辞めるぞ!
フリーランスイラストレーターになるんだ!!
グビグビ!
……
おぉ～! 飲んでるね!
会社の先輩(営業)
おつかれ!
!
プハー
お! 先輩!
聞いてくださいよ!
ちょうど良い!
くるっ
ビシッ!
俺… 決心しました!
年明けたら会社辞めてフリーランスになるって!
はぁ?
バカじゃねーの? おまえ…
前からヘンなヤツだとは思っていたが…
何を言い出すかと思えば…

バカっすかね～～～～？
バカだよ！
だってフリーランスって言えばよ～…
収入不安定だし
老後は不安だし
いつ食えなくなるかわからないし
結婚できないし
モテないし
ローン組めないし
クレジットカード作れないし
週末も休めないし
ボーナス無いし
ほら！良いことひとつもねーじゃん！
その点 会社員は 収入安定してるし 週休二日だし 言われた仕事だけしてれば給料もらえるからラクだし 奥さんも親も安心させてやれるし 住宅ローンだって学費ローンだって組めるし 老後は安心だし… そりゃあ好きな仕事をしたい気持ちもわかるけど わざわざそこまでリスクを取るのは…
バカだろ！
もっとかしこく生きねーと！
プカ
そういうもんですかねー…
他の人にも相談してみよう…

しかし 他の人たちにも相談してみたところ…
会社の上司
どうせ食えないけど
戻ってきても もう雇わないよ
父
まあ…反対はしないけど…
母
ニート決定か…
ハァ
近所のお姉さん
やめときなよ～
バカね～
イラストレーターで食えるのなんてひとにぎりだよ～
友人A
まだ夢を追ってるの？ 現実を見なよ…
中小企業の社長
もう少し経験を積んでコネを作ってからでも遅くはないのでは？
友人B
応援したいけど…
まだ早い気がするな…
地元の先輩
いいねー！
おめでとう!!
ダメ人間決定だね！
通りすがりのライダー
本当に好きなことは趣味にしておいたほうが幸せなんだよ
あわわわわわわ
ポジティブな意見がひとつも無い…
俺…フリーランスにならない方がいいのかあぁ??

周囲のほとんどの人たちにフリーランスになることを反対されて僕は思った
「好きなことを仕事にしたい」とか「使命感を持てることを仕事にしたい」というのは子どもじみた理想なのかな
2003年（27才）の高田ゲンキ
いや…でも考えてみればネガティブな意見をいう人たちはみなフリーランスになったことのない人たちばかりだぞ…
そんな人たちに「なるなー」って言われても説得力ないぞ？
よし!!
ガバッ
有給取って！
2003年某日 羽田空港 国内線ターミナル
ザッ
思いきって…
いちばん尊敬する人に会いに行こう！
第2話
独立への第一歩 2003年鹿児島の旅

飛行機に乗り…
ゴオオオオオ
ひとりで飛行機に乗るなんて人生2度目だ…
ちなみに1回目は2001年のインド旅
鹿児島へ
ゴオオオオオオオ…
鹿児島空港
空港からバスに乗り…
錦江湾
ゴオオオオオオ
西鹿児島駅（現・鹿児島中央駅）へ
わ～…
鹿児島に来たの初めてだ…
そこからローカル線に乗り…
ガタンゴー
路線バスに乗り…
バスを降り…
人が全然いない…
ブオオ…
2キロ以上も誰もいない一本道を歩いた
本当にこの道で合っているのだろうか…
心細い…
トコトコ…
その先に…

大寺聡さんのWebサイト:
http://ohtematic.com

あ…
はじめまして！
僕神奈川から来た
高田ゲンキと
言います…
大寺さんの個展に
来たらお会いできる
んじゃないかと
思って伺いました
ああ！
先日メールをくれた
高田くんか！
覚えてるよ！
「個展のDM送って下さい」っていうメール！
ええ〜〜〜!?
神奈川県から
鹿児島まで
わざわざ来て
くれたんだ!?
しかもアポ無しで…
せっかくだから
今日ギャラリーを閉めたあとに
この辺りを案内してあげるよ！
どこか行きたい
ところとかある？
え…？
温泉
行きたいっす…
移動で疲れたので…
…と何となくおススメの温泉を
教えていただきたくて言ったところ…

2時間後には予想外の展開に！
どうして俺は死ぬほど尊敬するイラストレーターと
初対面から2時間後にいっしょに温泉に入ってるんだろう??
ここおススメの温泉なんだよ！
お…大寺さん！
僕 大寺さんみたいなイラストレーターになりたいんです！
でも周りの人はみんな会社を辞めてフリーになることに反対するんですけど…
どう思いますか？
ふむ…
ごくり…

僕は
高田くんはフリーランスになるべきだと思う!
え!
ほ…ほんとですか!!?
うん!さっき作品も見せてもらったけどがんばれば仕事にできるレベルだと思ったし
何よりそこまで強い意志があるなら1日も早くフリーランスになるべきだと思うよ!
よし!
せっかくだから僕の家にも寄っていってよ!
プォオオオオオオ
はい!
うおー!やった~!

プオオオ
大寺さんの家に行けるなんて…
オオオ
のどかですね～
うん 僕ももともとは東京のど真ん中に住んでいたけど自分が創作する環境や一生を過ごす場所を本気で考えたらもともと祖父がいたこの鹿児島の町に腰を据えたいと思ったんだよ
フリーランスってこうして好きな場所に住めるのもいいんだよね
なるほど～…
プオオオ
ドーーン！
ついたよ！
おおーー！
プオン！
第3話
世界一のイラストレーション
スタジオを訪ねて

オーテマティック・ハウス
2000年に大寺さんが
鹿児島移住にあたって
新築した住居兼スタジオ
うわー…すっげー！
こっちだよ
どうぞー
エントランスかっこよすぎ！
外国か!!?
妻の直子です
こんにちはー！
奥さん キレイすぎ！
モデルさんか!!?

オーテマティック・ハウス
大寺さんの家カッコよすぎ～!!!
そういえば近所のおじさんが庭に芋の苗を植えてくれたよ
えっ 芋の苗?
高田くんこっちに来てごらん
すす
あ… はい!
す… 奥にも更に部屋が…
あ!

ドドドーーン!
ここが僕のスタジオだよ
うわー!!すっっげー!!
イラスト描くところ見る?
は…はい!ぜひ!!
ババッ
シャシャシャ
カカカカカ
は…速い!
見えない!!
そしてイラレなのにペンタブ!!
すごいスピードでイラストが仕上がっていく…
これがプロの仕事か!
サクサク〜!

お茶
いれたけどー？
よかったらどーぞ!!
あ！
ありがとう！
よし 高田くん
お茶にしよう
はい！
PFS PACIFIC FURNITUR SERVICE
好きな仕事をしながら
好きな場所に移住して
好きな人と素敵な家で
暮らす生活…
なんて素晴らしいんだ！
僕もそんな
生き方をしたい！
でも…
今の会社員の生活を
続けてしまったら
絶対に実現不可能
だな…
やっぱりフリーに
なるしかない!!!
この前 天文館で
買ったお菓子って
まだあったっけ？
あー…あれね！
たしかまだあるよ

どう？
少しは参考になったかな？
はい!!!
仕事面だけじゃなく生活や生き様も含めて改めて大寺さんみたいになりたいと思いました！
とつぜん押しかけたのにこんなに色々していただいて本当にありがとうございました！
それはよかった！
僕フリーのイラストレーターになって成功して大寺さんに恩返しできるようにがんばります！
ぐっ
高田くん
そういうのはしなくていいんだよ
「恩返し」とかそういうのはね

高田くんがいつか成功したら…
今度はもっと若い人たちに同じことをしてあげてほしいんです
お… 大寺さん…
ううううう
かっこよすぎる…
ありがとうございます! がんばります!
わ～ん!
うん
応援してるよ
そして…
ゴオォォォォ…
空港行きのバスを見送ってくれる大寺さんの視線を背に
僕は絶対にフリーランス・イラストレーターになろうと固く決心をしたのだった…!

Column 1

成功したければ、成功している人に話を聞くべし

大寺聡さんは、僕がイラストレーターになるきっかけを与えてくれた人です。2002年にデザイン誌『MdN』で、大寺さんのデジタルを駆使した独特な世界観のイラストレーションを見てすっかり魅了され、「僕も大寺さんのようなイラストレーターになりたい」と思うようになりました。その大寺さんに突撃訪問で運良くお会いでき、温泉をご一緒しつつ念願だった僕の進路相談にまで乗っていただいてしまい、この鹿児島の旅は僕の人生においてこれ以上無いほど重要な経験となったのでした。

世界一素敵なイラスト・スタジオ、「オーテマティック・ハウス」

温泉での進路相談のあとは、なんと大寺さんのご自宅にも連れて行っていただきました。とにかく大寺さんの家はすごいんです！　このお宅訪問を通して感じたのは、大寺さんが家だけでなく、ご自身の生活環境全体を自分自身でデザインしているということでした。自分が住む場所を自分で選び、そこに理想的な家を建てて好きな人と生活をする。そして、東京のクライアントとも以前通りに仕事を継続しつつ、地域社会においても独自のネットワークを形成し貢献する大寺さんの生き方は、それまで見たことのない

魅力的なものでした。僕はそのライフスタイルに強く憧れるようになります。

「憧れること」の大切さ

この鹿児島の旅における最も大きな収穫は、「強烈な憧れ」を得られたことだったと思います。大寺さんのライフスタイルと、見返りを求めないPay it forward精神に触れ、僕も大寺さんのようになりたいと思いました。そして、その憧れによって僕のフリーランスになる決意は固まりました。うまくいかない可能性も高いことは分かっていましたが「何もトライしない人生よりも、たとえ失敗したとしても、憧れを実現するためにトライする方がずっと価値がある」と思えたからです。

そんなこともあって、僕は若い人から「フリーランスになりたい」とか「イラストレーターになりたい」と相談を受けると、必ず「強く憧れることができる人を見つけると良い」とアドバイスしています。その憧れが強ければ強いほど、高いモチベーションを得ることができるからです。そしてまた、僕自身もいつか大寺さんのように後進に憧れを与えられるような存在になれるように、日々がんばっているところです。

第2章

フリーランスの営業術

2004年1月末
課長…
ん？
なに？ 忙しいのに…
スッ
……
僕…
会社…
退職届
辞めます!!!
バイバーイ!
お世話になりました!
ポカーーーン
やっほーーーい!
これで俺は
自由《フリー》だ!!!
第4話 フリーランスは最高だぜ

ガラ――ン…
こんなに空いてる昼間の電車に乗るのひさしぶりだな…
そっか…もう明日からは満員電車に乗らなくていいんだな…
それからしばらくの間僕は自由《フリー》な時間を楽しんだ
いやー
昼まで寝れるなんて…フリー最高！
平日の空いてる道をドライブできるなんて…フリー最高！
気の向くままに伊豆まで走って来ちまったぜ！
ブォォォォォ…
貸し切り状態の昼の映画館で映画を観れる…
フリー最高！
平日だってカフェランチ！
のんびり〜
フリー最高！
残業無いから急な飲みの誘いも参加できちゃう！
イエーーーィ！
（フリーに）乾杯!!!
ビールうま〜い!!
プハー
フリーランス最高だぜ〜！

チッチッチッ
おっと！
遊んでばかりいるわけではないよ！
ちゃーんとフリーランスとして活動するための準備だって進めているんです！
開業届も出したし！
地元の税務署
ウェブサイトも作ったし！
ばん
名刺も
作った！
オフセット印刷で!!
Genki
高田ゲンキ
TAKATA GENKI
ばん
そして…
ばばーーん
最新のMacも導入!!!
PowerMac G4 Mirrored Drive Doors
iBook G4※

※PowerBookG4がほしかったが高くて買えなかった

ジャジャーーン！
う〜ん…
我ながら良い仕事場ができた
あとは…
お仕事COME ON!
仕事依頼の問い合わせを待つばかり！
3月
お仕事
わくわく
まだかな！…
そわそわ
4月
……
……
5月
ぜ…
ぜんぜん
仕事が来ない！
ガーン

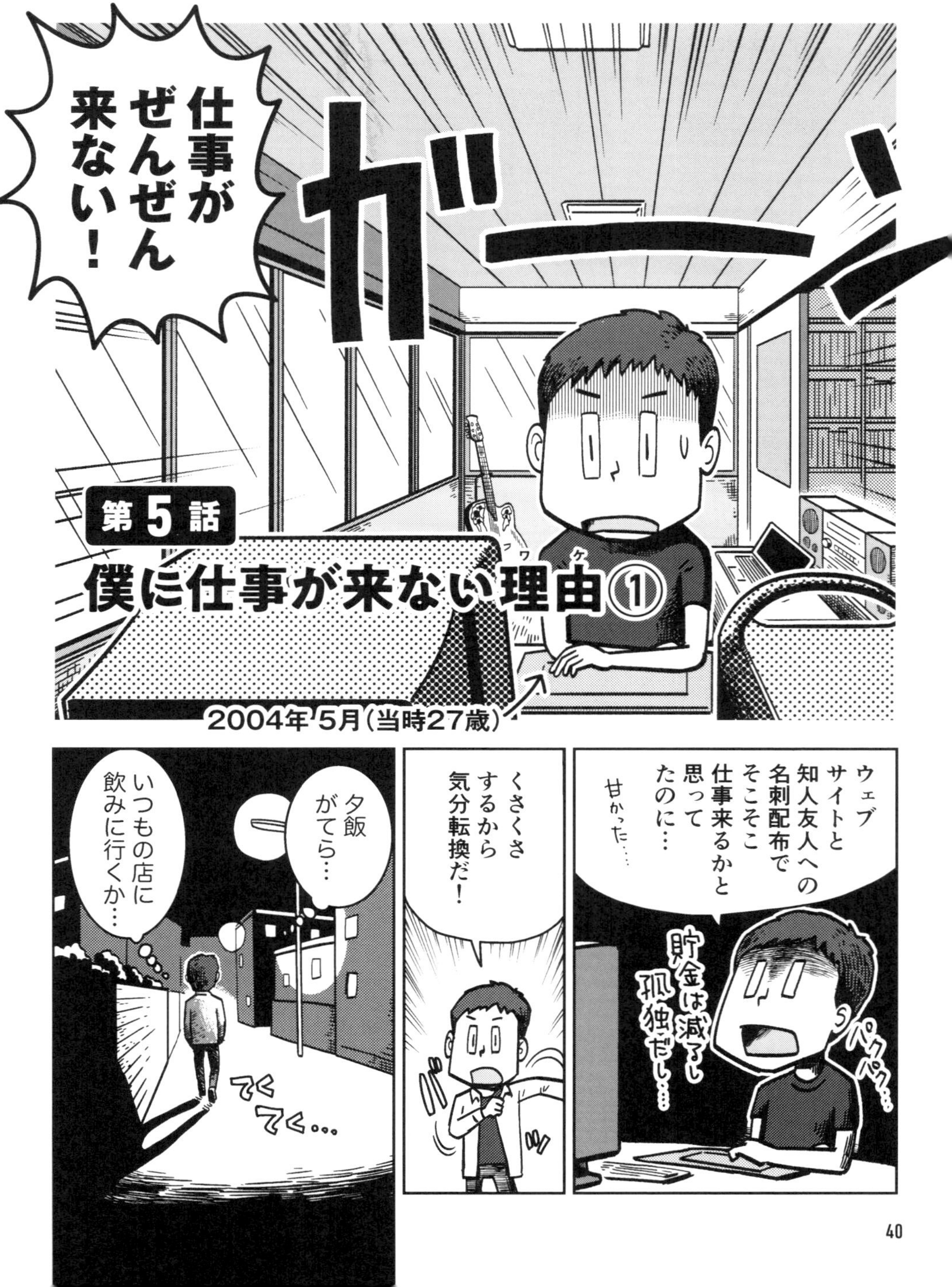

仕事がぜんぜん来ない！
ガーーン
第5話
僕に仕事が来ない理《ワ》由《ケ》①
2004年 5月（当時27歳）
ウェブサイトと知人友人への名刺配布でそこそこ仕事来るかと思ってたのに…
甘かった……
貯金は減るし孤独だし…
パクパク…
くさくさするから気分転換だ！
夕飯がてら…
いつもの店に飲みに行くか…
てくてく…

Restaurant & Bar
ISAAC
こんばんはー
いらっしゃいませ!
あ ゲンキくん こんばんは!
となりの席失礼します
どうぞどうぞ!
マスターいつものやつとビールを
はい はい ボロネーゼのセットね
あれ、ランチメニューなんだけどね……
はい まずビールです
あ! ありがとう!
ハイッ
さっ
グビビ〜
は〜〜

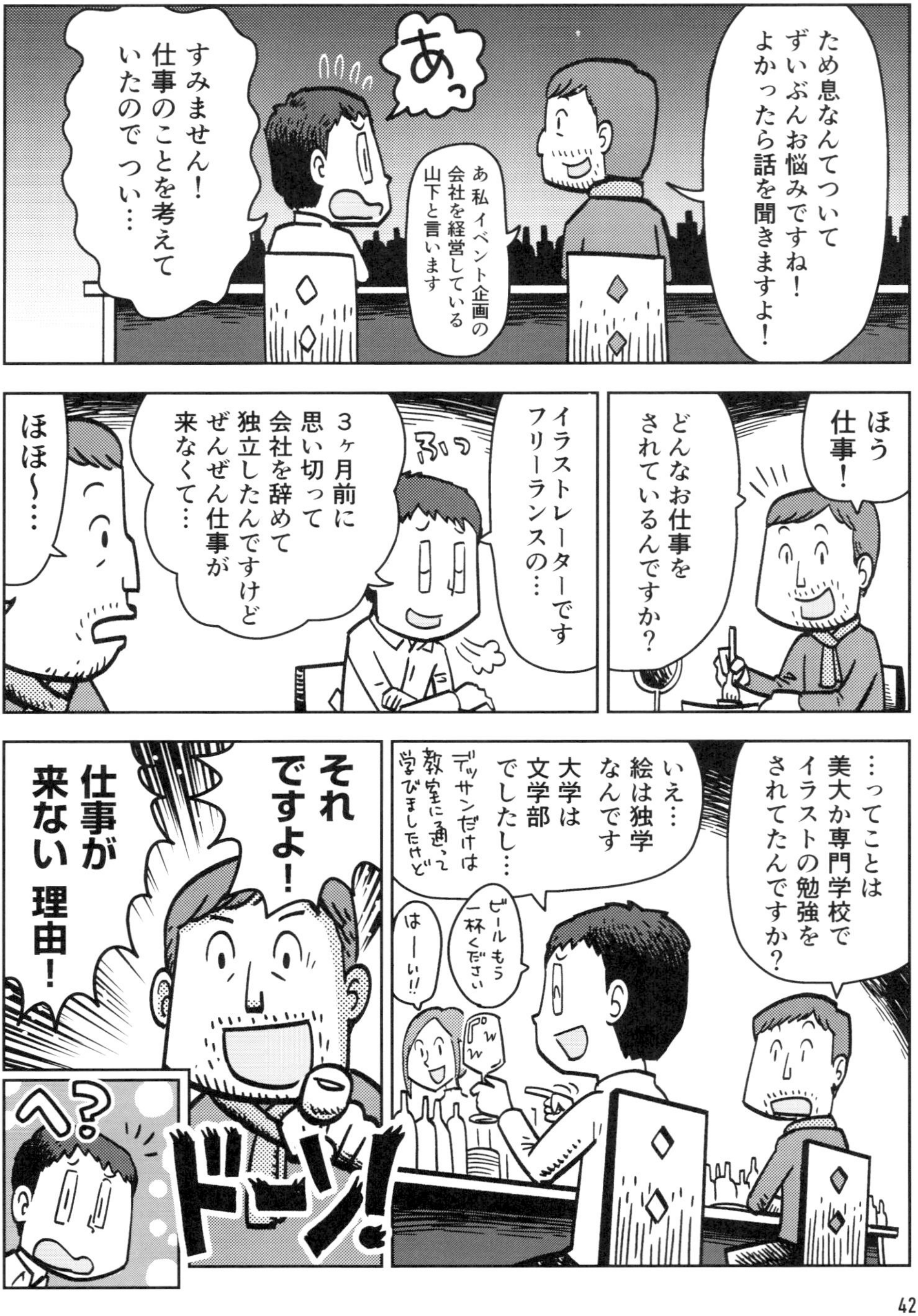
ため息なんてついて
ずいぶんお悩みですね！
よかったら話を聞きますよ！
あっ
すみません！
仕事のことを考えていたのでつい…
あ私イベント企画の会社を経営している山下と言います
ほう
仕事！
どんなお仕事をされているんですか？
イラストレーターですフリーランスの…
ふっ
3ヶ月前に思い切って会社を辞めて独立したんですけどぜんぜん仕事が来なくて…
ほほ～…
…ってことは美大か専門学校でイラストの勉強をされてたんですか？
いえ…絵は独学なんです
大学は文学部でしたし…
デッサンだけは教室に通って学びましたけど
ビールもう一杯ください
はーーい!!
それですよ！
仕事が来ない理由！
ドーン！
へ？

学校…ですか？
そう！学校!!
ちょっと絵が上手いからイラストレーター…みたいな人が僕の知り合いにもいたけどねやっぱりモノにならなかったよ！その道の専門家になるならやっぱりちゃんとした学校に通って専門教育を受けないとね！

素人目に上手くてもプロの編集者とかから見たらちゃんと勉強してないってことがきっと分かっちゃうから仕事が来ないんだよ
たとえ分からないとしても経歴に「○○美大卒業」とか書いてあればそれだけで信用になるわけでしょ？それだけでも行く価値があると思うな～！

僕からするとぜんぜん見当違いなんだけど…
結果が出せてないから何も言い返せない…
ビールです
あ！ありがと～!!
急がば回れ！
今何歳？27歳か！今から大学に言ったとしても30歳ちょいくらいで卒業でしょ？ぜんぜん行けるじゃん！
親に借金してでも学校に行くべきだよ！
そのくらいじゃないと"本気"とは言えないよ！

う〜ん…
しかし たしかにこのオッサンの言うことにも一理あるのかな…
学校って知識を学ぶだけじゃなくて先生や先輩を通して業界へのコネを作りやすいっていうメリットもあるし…
でもそういうのって実力じゃないからな――…
う〜ん 悩む…
はい！
とん！
おまちどうさま！
マスター特製 ボロネーゼパスタ
ありがとうございます いただきます！
召し上がれ！
ところで今の話だけど…
ゲンキくんに仕事が来ないのはもっとシンプルな理由だと僕は思うんだ
シンプルな理由!?

オマケコーナー
俺のFavorite Things《フェイバリット・シングス》
毎日の仕事を彩ってくれるお気に入りのモノたち
No.1「音楽」
仕事に集中するために必要なものといえば「音楽」! ただ難しいのは…
「好きな音楽」イコール「仕事に集中できる音楽」ではない…ということ.
例えば僕は Steely Dan《スティーリー・ダン》や Pat Metheny《パット・メセニー》が好きですが, 好きすぎて
音に集中してしまい, 絵を描く手が止まってしまうんです. そこで僕が重宝しているのが…
Spotify《スポティファイ》
← こんなロゴの音楽のストリーミング配信サービス
Spotifyでたくさんの曲の中から仕事のBGMにピッタリの曲を探し, プレイリストにしてAirPodsで聴きながら仕事をすると, すご〜く集中できるんです!
そのプレイリストをブログで公開してます. よかったら聴いてみてくださいね!
https://genki-wifi.net/spotify-list

第6話 僕に仕事が来ない理由《ワケ》②

ゲンキくんに仕事が来ないのはもっとシンプルな理由だと僕は思うんだ
シンプルな理由!?
2004年 5月(当時27歳)
うん 僕はゲンキくんのイラストを何度も見てるけど 美大に通い直さなくてもプロになれるレベルだと思うし
分野を問わず専門教育を受けなくてもプロとして活躍している人だっていっぱいいますからね
僕だって料理の学校行っていませんし
む～…
もぐもぐ
で…マスター シンプルな理由って?
もぐ もぐ

※「営業」とは仕事を得るために自分のイラストを出版社やデザイン事務所などに持ち込んで見てもらうこと。別称「売り込み」

営業しないと…って分かってるんですけど
二の足を踏んでるっていうか… なんか「しなくて済むならしたくない」っていう心理がどこかにあるんですよ…
ええ!?
なにそれ? どういうこと?
例えばですよ?
僕がプロのシンガーソングライターを目指すとするじゃないですか
ジャーン
メジャーデビューするぜ〜〜!
ふむ?
その場合最もかっこいいサクセスストーリーってこんな感じだと思うんですよ
注・あくまでたとえ話ですよ!
ヒマだからこづかいかせぎに街角で歌うか…
♪ボクはキミを〜〜愛してーる〜〜♪
ジャーン
ジャカ
ジャーン
ジャカジャカ
アイラ〜ヴュ〜♪ アイニージュ〜♪
ん?
ジャーン

わっ!!!
い…いつのまにか
すっげー人だかり…！
パチパチ
ブラボー!!
パチパチ！
曲も歌詞も歌声もとても素晴らしい！
わっ！あの人はテレビにも出てる有名音楽プロデューサー！
スタスター
ぜひ君のCDを我がレーベルから出したい！
僕と組んで世界を獲ろう!!
さっ
音楽プロデューサー
ええー!!!
いきなりメジャーデビュー!?
1年後
Thank you!!
…みたいな
つまり自分は好きなことをユルくやってただけなのに才能ありすぎてまわりが放っておかなかった…みたいな感じ？
はぁ…
すごい妄想…

それに比べて
コツコツとデモテープを
レコード会社に送ったり
もう1テイク!
来週のライブ来てくれない?
その日はちょっと…
合格しますよーに!
ライブハウスの
チケットノルマを
頑張って売るのって
なんていうか…
ガツガツしてて
かっこわるい?
ええ
まあ…
ふむ…
僕も商売がら
そこそこ
いろんな人を
見てきたけど
そういう
小さいことに
こだわって
成功した人は
見たことないね
ギャー
グサー
営業って
大事だよ
そしてそれは
ウチみたいな飲食業も同じ!
いくら良い素材で おいしい料理を
作ったって たくさんの人に知って
もらわないと 意味が無いからさ
良い素材
おいしい料理
のぼり
イタリアン
ランチ
ISAAC
雑誌
ミニコミ紙
マーケティング
顧客獲得!
やった!!
広告出したり店頭の看板とかのぼりを
工夫したりあの手この手で
マーケティングしてるんだよ
ひとりでビジネスを
やる以上は作るだけ
じゃなくて「どうやって
お客さんに届けるか」って
ところまで含めて
仕事だからね!
それが嫌なら
会社員の方が
向いてるヨ!

うん マスターの言うとおりだ！
それにさ 泥臭かろうが
ガツガツしてようが
意外と自分のことなんて
誰も見ちゃいないもんだよ！
得てして若者は自意識過剰なんだよ
うんうん
私なんてむしろ
そうやってなりふり
かまわず頑張る人の方が
かっこいいとさえ
思いますよー
ガタ！！
ビク！
マスター！
ちょっと
急用を思い
だしたんで
お会計
お願いします！
営業
やるぜー！！
うおおおおお

Column 2

共感できないアドバイスは聞き流せば良い

独立したばかりの頃、僕は周りの人からよく「イラストレーターになるなら美大（あるいはイラストの専門学校）に行くべきだよ」と言われたものでした。特に若い頃は、前例が少ないことをしようとすると、必ず周囲から「それは無理だ」「やめておけ」という類のことを言われるものですが、自分の中に確かな根拠や自信がある場合は適当に聞き流して、自分を信じてひと通りやりたいようにやってみるのが良いと思います。僕も、結果的には美大へ行くこともなく、翌年には仕事が軌道に乗って会社員時代の収入を超えたので、彼らのアドバイスは必ずしも正しくなかったと言えます。

もちろん、自分の考えだけで行動せずに誰かに意見を仰ぐことが必要な時もありますが、そんな時は自分が尊敬できる人や、その分野で成功している人に相談すると良いでしょう（僕が大寺さんに会いに行ったように）。

仕事が来なければ「営業」をするべし！

特に当時のイラスト業界において、「必死に営業をしたことはないが、なんとなく仕事が来るようになって食えている」という脱力系スタイルがカッコイイとされる美学が暗黙のうちにあり、できることなら僕もそんな風に仕事をもらえるようになりたい、と心のどこかで思っていました。それがマンガの中のシンガーソングライターのたとえ話なわけですが、マスターが言う通り、そんな誰も気にしないような小さな部分でかっこつけているうちは、たいてい上手くいかないものなのです。

今では若い世代の人たちから相談を受けることが多くなりましたが、やはりその多くは当時の僕のように営業をしたがらない人が多いので、そのたびに当時の自分を棚に上げて「営業すべし！」と言っています。

基本的に営業は歓迎される

特に営業をしたことがない人は「直接のアポや持ち込みは迷惑じゃないだろうか」と考えて営業をためらうケースが多いのですが、多くの編集者やデザイン事務所等のクライアントに聞いてみると「基本的にはイラストレーターに限らず業務提携可能なフリーランサーの営業は歓迎している」という回答がほとんどです。自分が貢献できる可能性を感じる媒体や会社には勇気を出して連絡を取って、積極的に営業をしていきましょう！

さあああああぁ
2004年6月
営業を始めようと決心した僕は…
ピコピコ
ふむふむ
第7話 営業先の見つけ方
本屋さんで立ち読みをしていた!
パソコン
ホビー
ライフス

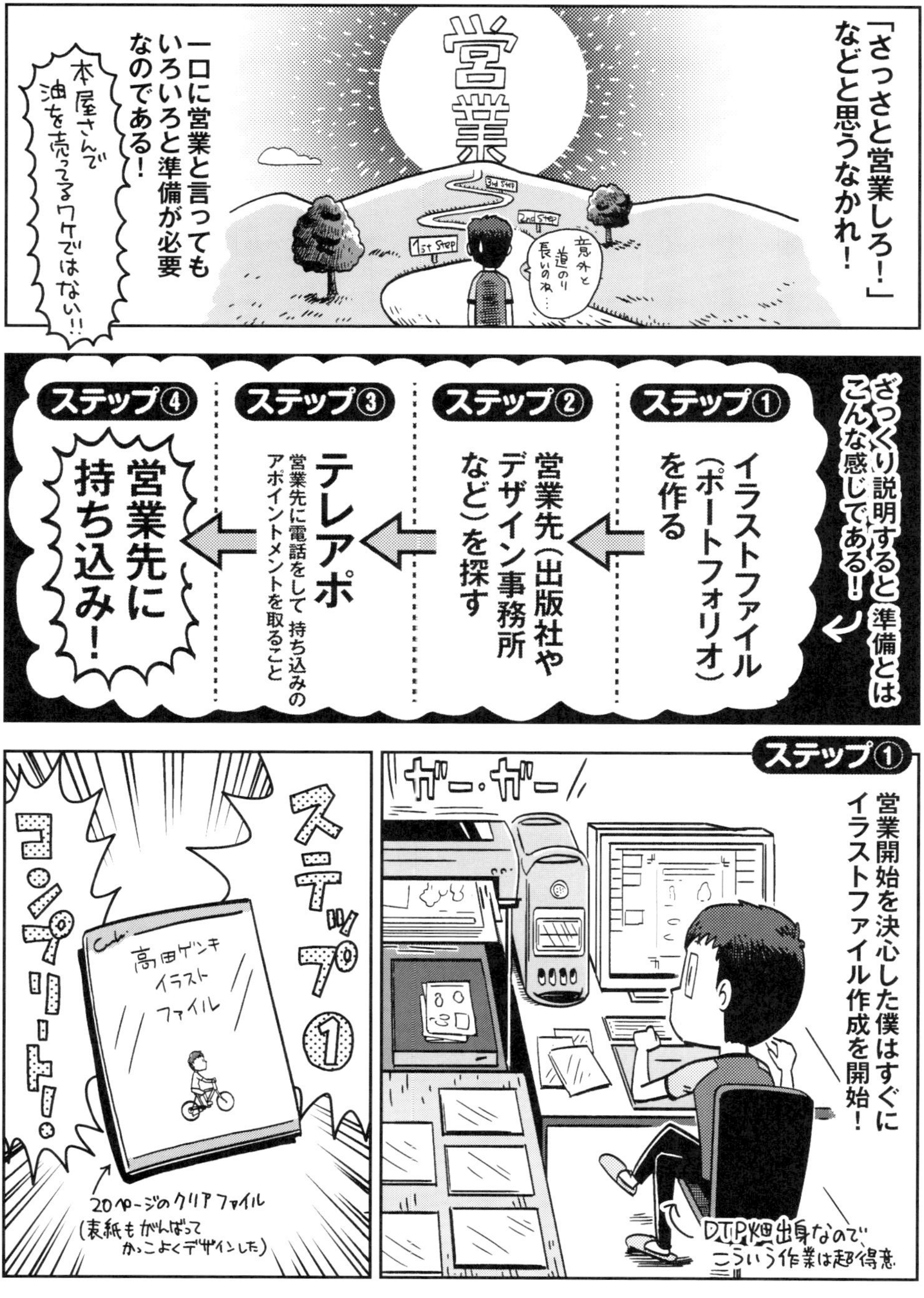
「さっさと営業しろ!」などと思うなかれ!
営業
3rd Step
2nd Step
1st Step
意外と道のり長いのね…
一口に営業と言ってもいろいろと準備が必要なのである!
本屋さんで油を売ってるワケではない!!
ざっくり説明すると準備とはこんな感じである!
ステップ①
イラストファイル(ポートフォリオ)を作る
ステップ②
営業先(出版社やデザイン事務所など)を探す
ステップ③
テレアポ
営業先に電話をして 持ち込みのアポイントメントを取ること
ステップ④
営業先に持ち込み!
ステップ①
営業開始を決心した僕はすぐにイラストファイル作成を開始!
ガー・ガー
DTP畑出身なので、こういう作業は超得意
ステップ①
コンプリート!!
高田ゲンキ
イラスト
ファイル
20ページのクリアファイル
(表紙もがんばってかっこよくデザインした)

ステップ②
そしてステップ②!
営業先を探すぞー!!
おーーーー!
しかし僕には…
・・・・・
コネもツテもなかったので…
自分のイラストを使ってくれそうな（つまり仕事をもらえそうな）書籍や雑誌を探しに書店に行くことに…
地道にやるか…
ずんずん!
ラ書店
だから1ページ目で本屋さんにいたんです!
↑今の僕です
…というワケで今回は僕がどうやって書店で営業先を探したのかその方法をご説明したいと思います!
2018年現在の我々
妻・美穂子（15話で詳しく紹介します!!）
って言っても10年以上前の方法だけどね…
参考ていどにして各自アップデートしてね!
ビシッ

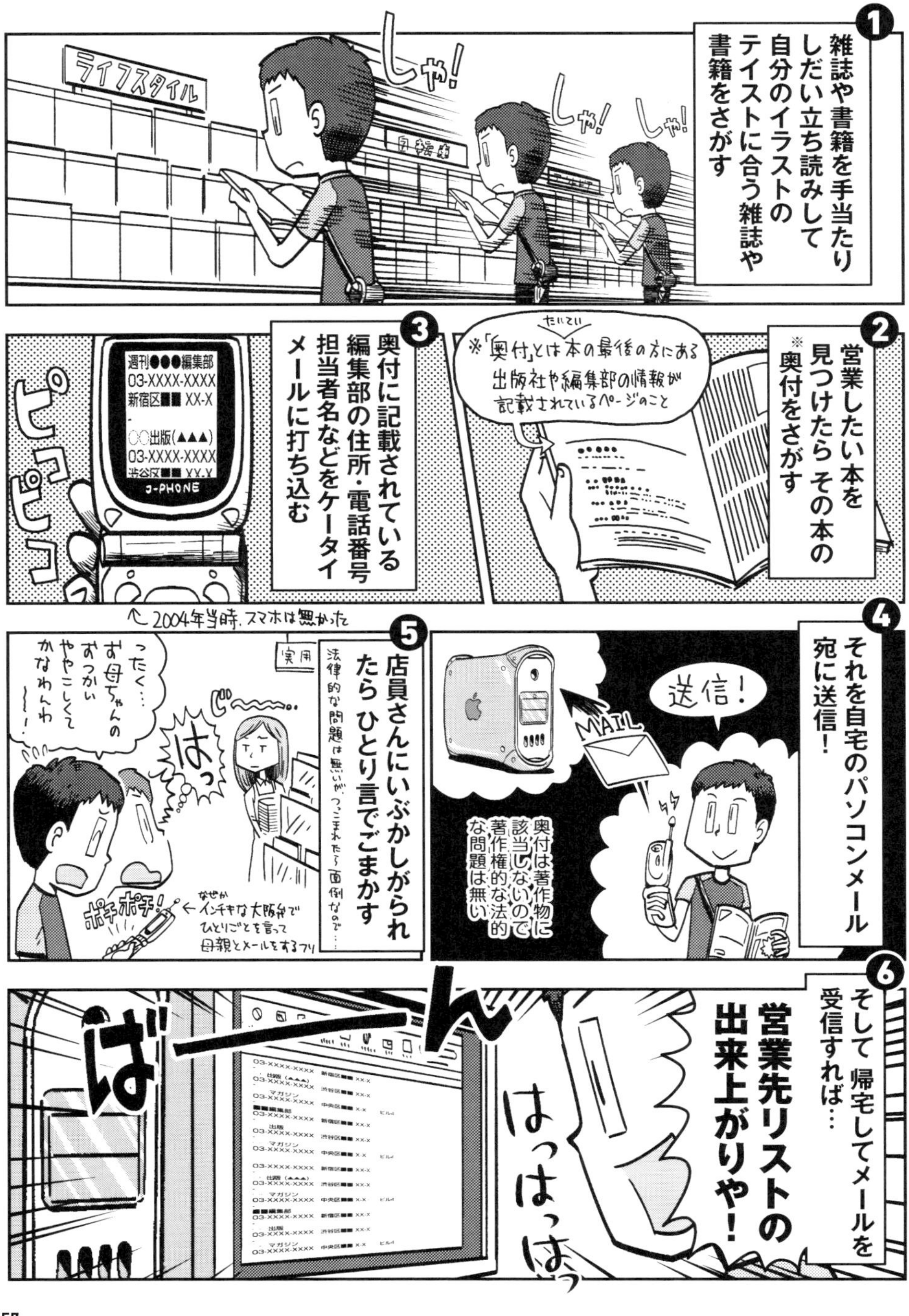

1
雑誌や書籍を手当たりしだい立ち読みして自分のイラストのテイストに合う雑誌や書籍をさがす
ライフスタイル
しゃ!
しゃ!
しゃ!
2
営業したい本を見つけたらその本の※奥付をさがす
※「奥付」とはたいてい本の最後の方にある出版社や編集部の情報が記載されているページのこと
3
奥付に記載されている編集部の住所・電話番号担当者名などをケータイメールに打ち込む
週刊●●●編集部
03-XXXX-XXXX
新宿区■■ XX-X
○○出版(▲▲▲)
03-XXXX-XXXX
渋谷区■■ XX-X
J-PHONE
ピコピコピコ
←2004年当時、スマホは無かった
4
それを自宅のパソコンメール宛に送信!
送信!
MAIL
奥付は著作物に該当しないので著作権的な法的な問題は無い
5
店員さんにいぶかしがられたらひとり言でごまかす
法律的な問題は無いが、つっこまれたら面倒なので…
実用
じ〜〜〜
はっ
ったく…お母ちゃんのおつかいややこしくてかなわんわ〜!
ポチポチ!
←なぜかインチキな大阪弁でひとりごとを言って母親とメールをするフリ
6
そして帰宅してメールを受信すれば…
営業先リストの出来上がりや!
ばーーーん
はっはっはっ

ステップ③
あとはこの連絡先にかたっぱしから電話するわけだが…
き…キンチョーするぜぇ……
えーい！かけちゃえ!!!
ままよ！
トゥルルル トゥルルル…
お忙しいところ恐れ入ります わたくしイラストレーターをしております高田ゲンキと申します！
たいへん恐縮なのですがイラストの営業をさせていただきたくご連絡させていただきました！今少々お時間いただけますでしょうか？
ええ… はい！できれば直接ファイルをお持ちしていただければ嬉しいのですが…
はい○○編集部です！
キラーン
ペラペラ ペーラペラ ペラペラ
来週火曜の13時ですね！伺わせていただきますありがとうございます！
お会いできるのを楽しみにしております!!
ぴっ
……
おれ…
パコン！
テレアポめっちゃうまいやん！
なんでだ!?

はっ
もしやあの時の経験が…
2001年の秋 僕は中途採用で広告代理店に入社するも…
25歳
デザイナー志望で面接を受けた僕は「喋りが上手い」というだけの理由で営業に配属されてしまった!
しかも入ってみるとその会社はブラック企業だった!
高田ぁ〜
ぬっ
上司(連日深夜まで残業なので常にクマがひどい)
バン!!
はい!今日はテレアポ500件!
これ、リストね!!
ひぇ〜
テレアポ中
はい!わかりました!今日の16時に行きますね!
バカヤロー!!
「わかりました」じゃなくて「かしこまりました」だろ!
あと「行きます」じゃなくて「伺います」だ!何回言わせんだ!!
ボゴ
上司の強烈な教育で営業トークは身に付くもそのあまりにも劣悪な労働環境にムカつき1ヶ月半で退職したのだった…
仮病つかって
あの1ヶ月半は人生の汚点だったと思っていたけどこんなところで役に立つとは…なんでも経験しておくものだなぁ〜…
いやーーー人生に無駄なし!
はい!16時に伺います!
はい!かしこまりました!
こうして僕は順調にテレアポを重ね次々と持ち込みのアポを取ることに成功したのだった!

Column 3

コネがない？ だったら、自分で営業先を探せば良い

フリーランスになる前、独立の計画を人に話すと「もっと業界にコネを作ってからの方が良いと思う」と多くの人に言われたものでした。それから14年経って振り返ってみると、そのアドバイスは必ずしも正しくなかったと感じています。

「コネ」と「営業」、それぞれのメリットとデメリット

いわゆる「コネ（＝コネクション）」とは、すでにその業界（僕の場合はイラスト業界）にいる人に懇意になり、仕事の世話などをしてもらうことを指します。

これは、駆け出しの時に最初の仕事を得るハードルを下げるというメリットがありますが、一方で

- 必ずしも自分が望む内容の仕事が来るとは限らない
- 仕事の内容や料金やクライアントとの相性などに問題があっても、簡単に断れない

というデメリットもあります。

その点、自分から企業などに直接持ち込む（あるいは連絡を取った上でファイルを郵送する）営業は、最初の労力こそかかりますが、

- 自分に合った媒体を選べる
- 金額の交渉などもしやすい

・クライアントや仕事の内容が合わなければ、後腐れなく断れる

というメリットがあり、僕はコネに頼らずこうした直接営業を経て仕事を得られるようになったフリーランサーの方が、長い目で見ると強いと考えています。

自分なりの「営業先の探しかた」を見つけるべし

今回のエピソードでは、その「営業先の探し方」を紹介しましたが、これは一例に過ぎませんし、特に昨今はインターネット環境が当時（2004年）と比べてはるかに進化しているので、実際に出版社へ作品を持ち込まなくても、ネットで営業先を探して作品を送付するなど、ネットだけで完結させることも可能なので、多様化する情報社会を逆手に取って、自分の強みを活かした「営業先の探しかた」を見つけましょう！　難しいと思うかもしれませんが、どのような場合でも「自分の商品に価値を見出してくれそうな人や企業を見つけて売り込む」という原則は同じなので、そこさえ見失わなければ、きっと大丈夫なはずです。

駆け出しの時ほどプレッシャーを感じてしまい二の足を踏むものですが、勇気を出して営業を始めてみましょう！

2004年7月某日
営業初日！
この日 僕は3件の営業先を訪ねるため
地元 神奈川から東京に来ていた！
第8話
はじめてのえいぎょう①
ついに来たぞ！
記念すべき1件目の営業先…A出版社！
ドーン
A出版社
今…伝説が始まろうとしている…
ガァーーー…
よ…
よし…いくぜ～…
ポツーーーン…
えー…って…

いらっしゃいませ!
ビクッ
あっ
受付…
○○編集部の竹原様に1時にお約束いただいておりますイラストレーターの高田と申します
えへへ…
はい
高田さまですね
ではこちらに会社名とお名前を記入していただいて
か…会社名!?
あっフリーでしたら「フリーランス」でけっこうです!
こちらの入館証をつけていただいて…
あちらのエレベーターで10Fに行ってください
はい!
ピッ
ドキ
ドキ
ドキ
ドキ
ドキ
ドキ

うわ～…
緊張するなぁ…
大丈夫かな～…
チーーーン!
いや…! きっと気に入ってくれるさ!
さばききれないくらい仕事をくれたりして…
うへへ…まいったな～
高田さん?
………
はっ
バーン!!
どうも! 編集部の竹原です!
10階
ビクゥ!!
す…すみません! ボーッとしてて…
ははは…今日は暑いですからね!
疲れたんじゃないですか?
さっこちらです
スタスタスタ

今この会議室しか空いてないんでここでやりましょう
そっちの席どうぞ
あ… はい!
すごい景色だ…
東京や〜〜…
改めて竹原です!よろしくお願いします!
サッ
出版社
竹原正一
へろへろ〜
あ… 高田ゲンキです
本日はお忙しいところお時間ありがとうございます!
あれ？名刺ってどうやって渡すんだ？
さて
じゃあ…
よいしょ!
イラスト…見せてもらおうかな
あ…はい!
こちらです…よろしくお願いします!
気に入ってもらえますように!!!
すすすー

では…
パラ
シ〜〜〜ン
パラ
パラ
キンチョーするな〜…
5分後
※ただしゲンキには50分にも匹敵するほど長かったと言う…
高田さんのイラストファイル
見させていただきましたが…
はい…
ゴク…
高田さんあなた…
イラストレーターになるのやめた方がいいですよ!
ガーン
えええ〜〜!?

オマケコーナー
俺のFavorite Things《フェイバリット・シングス》
No.2「コーヒー」
毎日の仕事を彩ってくれるお気に入りのモノたち
この豆、良い香りだね〜〜!
タバコもお酒もやらない僕の唯一の嗜好品がコーヒーです
無くても生きてはいけますが効率的に仕事をするには不可欠!
僕もコーヒーを淹れますが美穂子の方がカフェで修業した経験もあって上手いので、よく淹れてもらっています。
MOUNT HAGEN ORGANIC FAIRTRADE COFFEE
ドリッパー・ポット・ケトルもこだわってます!!(美穂子が…)
このへんを用途や気分に合わせて使い分けています
HARIOのケトル
あと、ドイツのこのインスタントコーヒーもおいしくてお気に入り!
※日本でも買えます(ちょい高めですが…)
Chemex《ケメックス》のコーヒーメーカー
KINTO《キントー》のドリッパー&ポット
HARIO《ハリオ》のドリッパー&ポット
外出時は超お気に入りのタンブラーKleankanteen《クリーン・カンティーン》に家で淹れたコーヒーを入れて出かけます!
klean kanteen
ベルリンの街にはおしゃれで居心地の良いカフェもたくさんあるので、Macを持ち込んでカフェのおいしいコーヒーを楽しみながら仕事をしたりもよくします。
そんな僕のコーヒーライフの詳細はこちらのブログにまとめてます。ご覧下さい!
https://genki-wifi.net/coffee2018
LIMU
ベルリンのコーヒースタートアップ、COFFEE CIRCLE《コーヒーサークル》のコーヒー豆"LIMU《リム》"がお気に入り!!
うま〜〜い

高田さん
イラストレーターに
なるのやめた方が
いいですよ!
ええ～～!?
ガーン
第9話
はじめてのえいぎょう②

それは… つまり
そちらの雑誌では
僕のイラストは
お使いいただけない
ということで
しょうか…?
そしたら
他あたりますが…
いえ!
それだけじゃなくて
なんと言うかな…
つまり
今の高田さんの
イラストはプロの
イラストレーター
としての基準を全く
満たしてないという
話をしているんです
こういうのも
編集者の仕事の
うちなんですよ
これじゃあ
プロとして
やっていけ
ませんよ!
ええ…?
持ち込み営業って
こんなダメ出しも
されるのか…※
もう既に
帰りたいん
ですが…

※ふつうはしません…

ひととおり見させてもらいましたけどね…
ポン
高田さんのは…
イラストではなくてマンガなんですよ!
iBook
iPod

↑当時のファイル（一部）

はぁ…
マンガ…
やれやれ…
「イラストの持ち込み」って聞いていたから期待してましたけど…
まさかこんなマンガみたいな絵を持ってくるとはね…
あぁそうだ…
ゴソッ
良いものを見せてあげましょう
あ…はい…
なんだろ…

これ！うちの雑誌で活躍されている
じゃーん！
ベテランのイラストレーターさんのファイルです
？
↑ベテランイラストレーター（無名・中年・男性）の水彩タッチの風景イラスト（リアル調）
ほらこのイラストなんて素晴らしいでしょう!?
ずい！
はぁ…
いやぁ～
うっとり…
良いイラストは見ていてほれぼれしますよ…
あ…
ぴっ
落ち込まなくていいんですよ！
この方は特別うまいイラストレーターさんですからね
それより高田さん…
高田さんのイラストって…
パソコンかなんかを使って描いているんですよね？
あ…はい！Mac使ってます！
やっと得意分野の話題!!
マシンはG4でアプリは主にイラストレーターを…

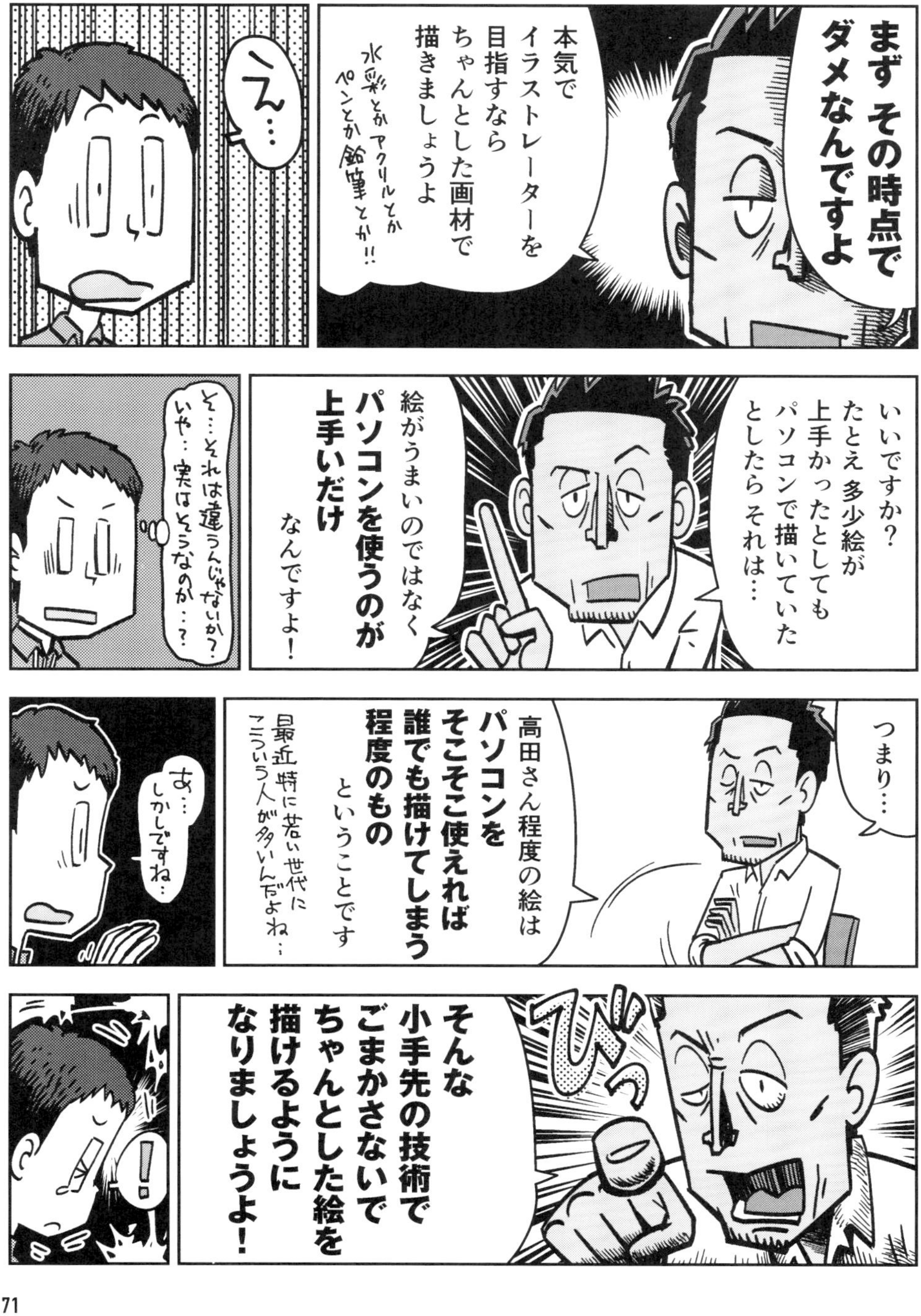
まず その時点でダメなんですよ
本気でイラストレーターを目指すならちゃんとした画材で描きましょうよ
水彩とかアクリルとかペンとか鉛筆とか!!
え…
いいですか? たとえ多少絵が上手かったとしてもパソコンで描いていたとしたらそれは…
絵がうまいのではなくパソコンを使うのが上手いだけなんですよ!
そ…それは違うんじゃないか? いや…実はそうなのか…?
つまり…
高田さん程度の絵はパソコンをそこそこ使えれば誰でも描けてしまう程度のものということです
最近特に若い世代にこういう人が多いんだよね…
あ…しかしですね…
びっ
そんな小手先の技術でごまかさないでちゃんとした絵を描けるようになりましょうよ!
!

ドン
5年 10年かかってでも良いじゃないですか！
もう一度ちゃんと絵を勉強して本当のイラストが描けるようになったらまた来なさい！
以上!! おしまい!!!
はい
ありがとうございました
A出版社
よろろ…
俺…

ぐにーゃ
フリーランスになったのは
間違いだったのかも!!

ひあああああああ
ママー！へんな人いるよ！
こら！見ちゃダメ！
ブオオ…

第10話 はじめてのえいぎょう③

なんであんなことばかり言うのかと思っていたけど…
意外とみんな本気で俺を心配してくれてたのかもな…
なのに不遜な態度をとっちゃったこともあったっけ…
……
謝りたい…
もう…
残りの2件のアポをスッぽかして今すぐ家に帰って
うわ～～ん
ふとんをかぶって大声で泣きたい…
いやまて！
そんなことじゃダメだ！
ぐっ
いさぎよく残り2社からもダメ出ししてもらってその意見も今後の参考にしなきゃ！
逃げちゃダメだ 逃げちゃダメだ 逃げちゃダメだ!!!
よし…
くる!
行くぞ！
くそっ
足が重い…！

しかし!!
2件目の営業先
Bデザイン事務所
Bデザイン
すばらしい!!
これはすばらしいですよ
Bデザイン事務所ディレクター及川さん
高田さん!
なにがですか?
ちょっと…おちついてください
え…? なにがって…
高田さんのイラストがですよ～
だってそれを見せにいらしたんでしょ?

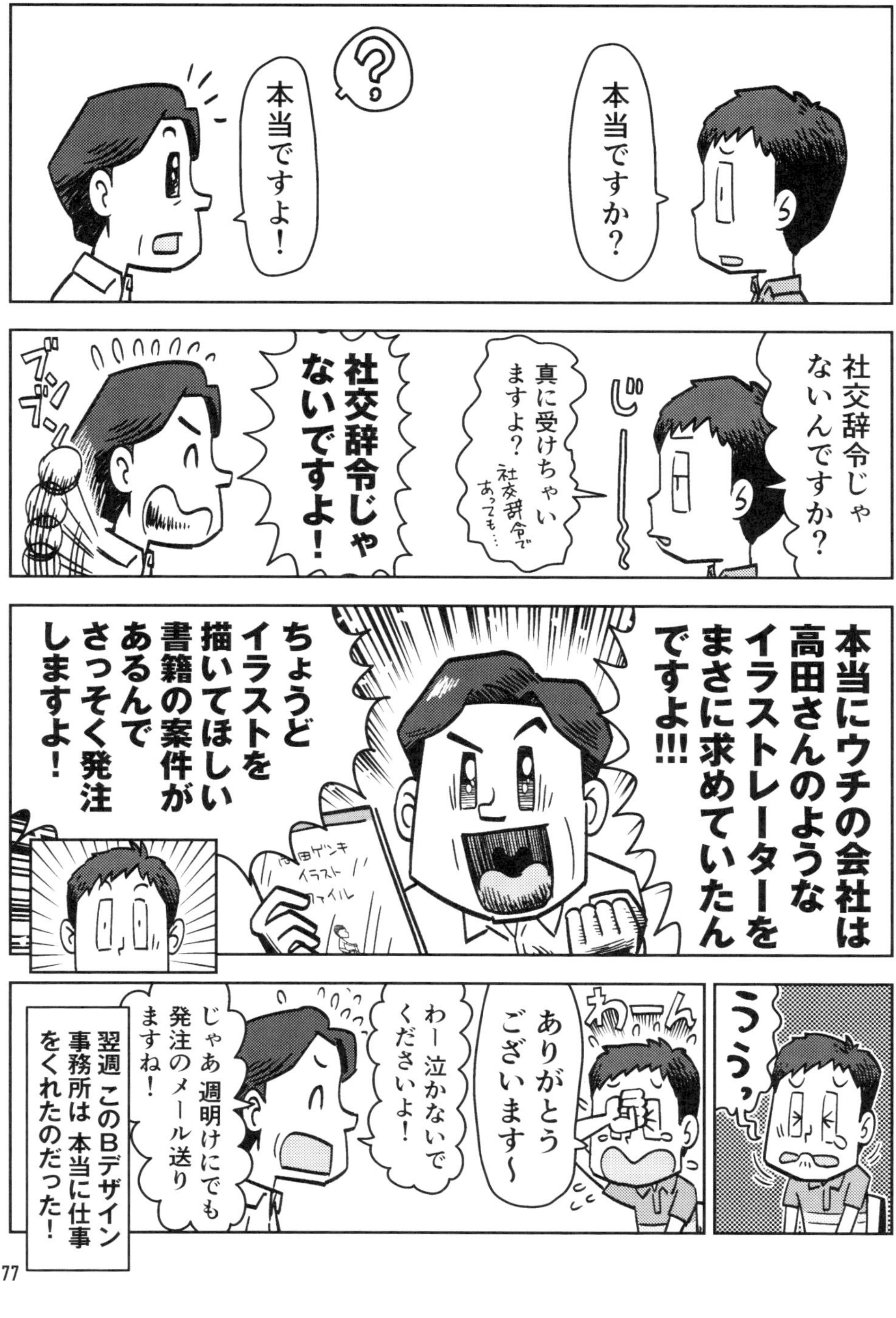
本当ですか?
?
本当ですよ!
社交辞令じゃないんですか?
じー
真に受けちゃいますよ? 社交辞令であっても…
社交辞令じゃないですよ!
ブンブン
本当にウチの会社は高田さんのようなイラストレーターをまさに求めていたんですよ!!!
ちょうどイラストを描いてほしい書籍の案件があるんでさっそく発注しますよ!
うう
わーん
ありがとうございます~
わー泣かないでくださいよ!
じゃあ週明けにでも発注のメール送りますね!
翌週 このBデザイン事務所は 本当に仕事をくれたのだった!

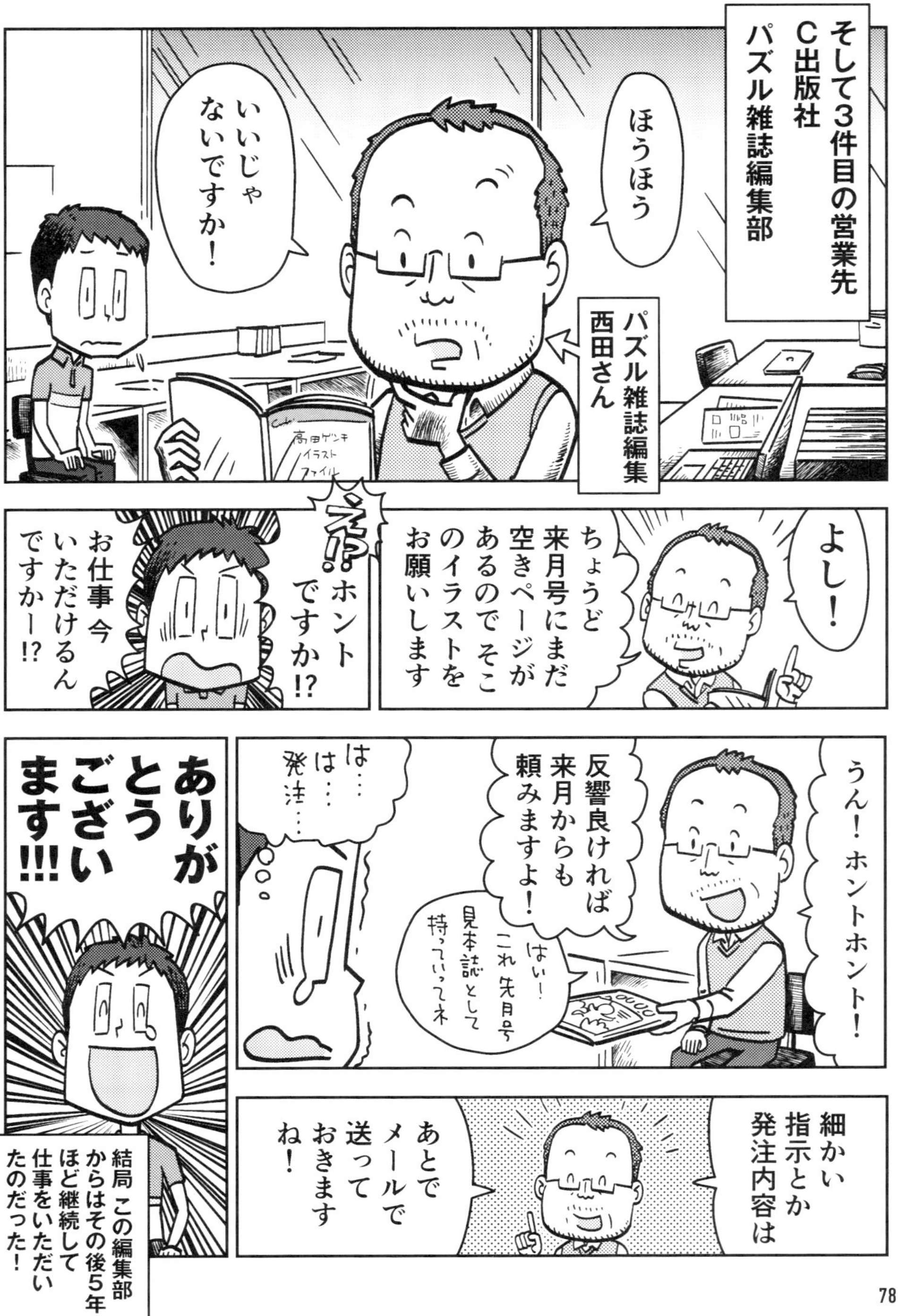
そして3件目の営業先
C出版社
パズル雑誌編集部
ほうほう
いいじゃないですか！
パズル雑誌編集
西田さん
高田ゲンキ
イラスト
ファイル
よし！
ちょうど来月号にまだ空きページがあるのでそこのイラストをお願いします
え!?
ホントですか!?
お仕事今いただけるんですかー!?
うん！ホントホントホント！
反響良ければ来月からも頼みますよ！
これ先月号
見本誌として
持っていってネ
はい！
は…
は…
発注……
ありがとうございます!!!
細かい指示とか発注内容は
あとでメールで送っておきますね！
結局この編集部からはその後5年ほど継続して仕事をいただいたのだった！

C出版社
ふふっ
やーーー…
うぉーーーっ!!
ビク
…ーったぜー!!!
そして
東京発
沼津行きの
東海道線で
家路に
ついた
僕は…
プアン!
湘南電車
ジェットコースターのような
1日の疲れで 泥のように
寝てしまった
ガタン ゴトン
しかし その疲れは
今まで感じたことの無い
清々しく心地の良い
疲れだった!

Column 4

営業は数を打つべし！

最初の営業先でコテンパンに打ちのめされた僕でしたが、同日にあと2件のアポを入れていたことが幸いして、良い結果に恵まれました。この経験を通して、僕は「営業は数を打つべきである」ということを学びました。営業とは自分の商品（僕の場合はイラスト）を売り込む行為ですが、その商品が相手のニーズにマッチしているかどうかは運次第なのです。なので、時には営業先で厳しいことを言われたり冷たい対応をされることもあるかもしれませんが、そんな時は「これは自分の商品が悪いのではなく、今回の相手と自分の商品の相性が合わなかっただけ」と割り切り、他の企業にどんどん営業して、相性の良いクライアントを探すようにしましょう。

自分の商品の営業は楽しい

僕自身も最初は正直営業することに対するためらいがありました。しかし、こうして自分の商品を一生懸命売り込んで、ダメ出しをされては悔し涙を流し、褒められては感動の嬉し涙を流していると、「俺は生きてる！」という何とも言えない充実感を感じることができました。そして、その充実感は仕事のモチベーションだけでなく、自分の人生に対する満足度をも高めてくれたのでした。

第3章

フリーランスのモチベーション維持術

2004年夏のある日 僕は……
東京都渋谷区の表参道からほど近い……
有名なイラストレーションギャラリーで催されている
ワイ
ワイ
ワイ
ワイ
ワイ
ワイワイ
ワイ
尊敬するイラストレーター大寺聡さんの個展のオープニングパーティーに来ていた！
第11話
フリーランスの悩みを解決してくれた2つの言葉
うわー大寺さんの新作イラスト！
かっこいい〜〜!!!
あっ高田くん！
来てくれたんだね！
バーン
あ…大寺さん！

※大寺さんとの出会いは第2〜3話を読んでね

その後どう？フリーランスになってがんばってるみたいだね！
あ…はいっ おかげさまで なんとか…
あそうだ！僕大寺さんに聞きたかったことが…
大寺く〜ん！
呼ばれちゃったから行かなきゃ…ゆっくりしていってね！
あ…はい！もうホントおかまいなく！
ふぅ。。。
東京の一流ギャラリーで個展を開いて業界の人がこれだけ集まるなんて…改めて大寺さんってすごいな！
そんな大寺さんに鹿児島でいろいろとアドバイスいただけちゃって本当にラッキーだったな〜！
よーし 俺も…
がんばるぜー！
目指せ！大寺さん!!!

7日後（個展最終日）
てくてく
ガチャ
こんにちはー！
おぉ
高田くん！
打ち合わせが近くであったので寄りました！
せっかくだけど…
今日は最終日でもうすぐクローズの時間なんだ…
はい 知ってます！良かったら撤収作業をお手伝いしようと思って！
お
それは助かる！

ふぅ…
おわったー
おつかれさまです！
うん…
まだけっこう時間あるな
ちょっとコーヒー飲みに行かない？
やった！
はい!!
ぜひ!!
いやーおつかれさま！
おつかれさまでした！
Café
あ
そういえば…
何か聞きたいことがあったんじゃない？
オープニングのときゆっくり話せなかったし…
あ…はい！ありがとうございます！そうなんです…
わー!!! 大寺さん覚えててくれたんだ!!

営業とか頑張った甲斐あって仕事が少しずつ増えてきて良い感じで回り始めてるんですけど
最近不安に感じてることがふたつばかりありまして…
ふむ？
ふたつ…？
ひとつめはズバリ…
「収入が不安定なこと」
そういうのも分かって独立したとはいえ月々の収入があまりに不安定で…
大寺さんはそういうフリーランスならではの不安定さとどう向き合っているんですか？
ゴゴゴゴゴ
あのね
高田くん…

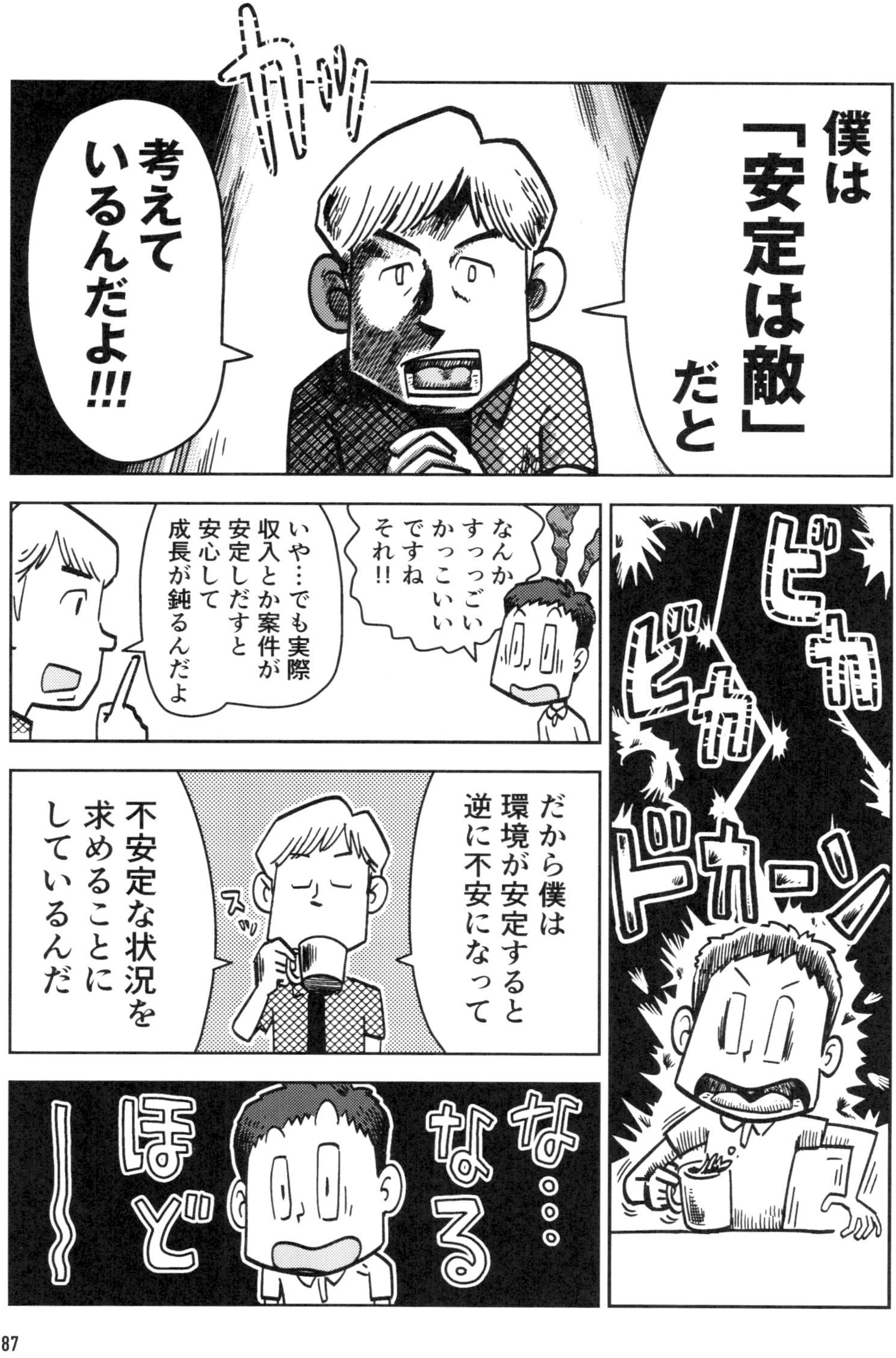
カッ
僕は「安定は敵」だと
考えているんだよ!!!
ビカ
ビカ
ドカーン
なんかすっっごいかっこいいですねそれ!!
いや…でも実際収入とか案件が安定しだすと安心して成長が鈍るんだよ
だから僕は環境が安定すると逆に不安になって
不安定な状況を求めるようにしているんだ
スッ
な…なるほどー〜

あ…それからもうひとつは…
「フリーランスってものすごく孤独」
…ってことなんです
なるほど…
孤独ね…
だんだん忙しくなってきたのは嬉しいんですけど何日も外に一歩も出れずに誰とも話せない時とか何とも言えず孤独を感じますし…

友達からの飲みの誘いとかも忙しくて全部断ってますし…

モチベーションが上がらない時もはげましてくれる仲間がいないのですこしだけ会社員時代が恋しくなることがあるんですよ～

大寺さんみたいに東京から離れた場所に住んでるとなおさらかて思うんですが…
高田くん…
僕からひとつだけ言えるとしたら…

孤独を
力《ちから》に変えろ!!!
あ…!!!
不安すぎて寝れない…
とにかく描こう…
次にみんなに会うまでにでかい仕事して
あっと言わせたい!!
はい…飲み会は欠席で…
うおー!!
俺の恋人はイラストや!!!
誰か…
…
そういえば良いイラストが描けた時って…
これは自分との戦い！待っててくれている担当者さんと読者に喜んでもらいたいから死ぬ気でやろう！
とりゃーーー!
←2日徹夜中
読者に好評でした!!
載ってる!
でかい男に俺はなる!!
駆け出しフリーランスに正月は無い!!
ゴーン ゴーン
←除夜の鐘
いつも孤独をバネに頑張ったときだ…!
大寺さんは僕の比にならないくらいの孤独を乗り越えてきたんだ…
だからこそ言える言葉だ
スー
大寺さん！僕ももう大丈夫です！
ありがとうございます！
ぐっ
そっか！よかった!!

じゃあ…
僕はもう一度
ギャラリーに戻るから
ここで！
またね!!
はい！
どうもありがとう
ございました！
失礼します！
くるっ
ザッ
安定は敵！
孤独を力に変える！
がんばれ！
このふたつの言葉のおかげで これ以来
今日に至るまで14年間 僕は不安定さと
孤独に悩んだことが無いのだ！

Column 5

「安定は敵」

よくフリーランスになることを不安視する理由に「収入の不安定さ」が挙げられますが、この言葉は正しい表現ではなく、本来は「収入の少なさ」というべきだと思っています。つまり、例えば「1ヶ月で1000万円の収入を得て、残りの11ヶ月は無収入」という不安定さだとしたら、ほとんどの人は不安にならないはずなのです。フリーランサーは「いかに安定するか」より「不安定でもいかに稼ぐか」を考えると良いでしょう。

「孤独を力に変える」

フリーランスには、時にひとりでこもり続けて作業に向き合う孤独な時間があります。しかし、そんな時こそ僕は「皆があっと驚く仕事をするぞ」という気持ちを持って、高いモチベーションで仕事に臨みます。SNSの普及によりそういう時間が取りづらい時代ですが、徹底的に孤独な状態に自分を追い込み、長い時間をかけて自分が納得できるまで没頭する時間こそが、最も自分を成長させてくれるからです。

2004年夏に営業を開始して以来 徐々に仕事の依頼が増えてきた僕は…
ピコーン!!
あ
高田さま
イラスト20点
来週末までに
描いてください。
よろしくお願い
致します。
来た仕事は全部受ける!!
パチパチパチチーン!
「お引き受けします」…っと!
ピコーン!
お仕事ゲット!
ピコーン!
お引き受けします!
ピコーン!
おまかせあれ!
ピコーン!
どんと来い!
…という調子で全部引き受けたところ…
こんな状態になってしまった———!!!
やっべー!!!
あああああああああ
ありえないくらい忙しくなってもーた!!!
うぎゃ
第12話
繁忙期の乗り越えかた

この時期（2004年11月／フリーランス9ヶ月目）の
僕がどのくらい忙しかったかというと…

つらすぎる…
もう
くじけそうだ…
『まんが道』で駆け出しの頃の満賀道雄と才野茂が締め切りに追われるあまり一度富山の実家に逃げ帰った気持ちも今はすこし分かる…
フリーランス
1年目で
こんなに忙しく
なるなんて
思わなかったたな…
もしかすると
俺は今
世界でいちばん
忙しいんじゃ
ないだろーか…
おっと!
いかん
いかん…
ぶんぶん
疲れすぎて
頭がおかしく
なってきてるな
もっと忙しい
人を思いうか
べよう…
きっといるはず!!
バッ
大寺さん!!!
ぴかーーー!!

↑大寺さんは最も尊敬するイラストレーターなのだ!
(第2・3・11話参照)

大寺さんなら絶対に今の俺より忙しい時期を経験しているはずだ！
よし!! 大寺さんにメールしよう！
大寺さん
お久しぶりです。高田ゲンキです。最近おかげさまでずいぶん忙しくなって来ました。とても嬉しいのですが、一方でもうスケジュール的・体力的に限界かも！という不安が日に日に増しています。
そこで、大寺さんが今まででで一番仕事がキツかった（忙しかった）時期がどんな状況だったか、お聞かせいただけないでしょうか。
お忙しいところ恐縮ですがよろしくお願いします！
疲れすぎていて緊張もためらいも無くなっている
送信!!
バシュー。。
また大寺さんに図々しいことしちゃった…
うーむ
同業の友達とか軽いノリで相談できる先輩とかいないからな～
非・美大出身者のつらいところよ……
とにかく仕事だ…
仕事を進めよう！
カキカキ
半日後
大寺さんからメール来た！
ピコーン！
高田くん
こんにちは。メールありがとう！
仕事が順調そうでなによりです。
高田くん本人のキャラクターと、イラスト自体が的確で安心できる点が評価されているのだと思いますよ！
さて、僕が一番忙しかった頃の話ですが…

一番忙しかったのは渋谷に住んでいた頃で…※
ゴオオ…
プァン
パァァ
ブーーーン
※大寺さんは2000年まで渋谷のど真ん中のマンションに住んでいた
→2000年に鹿児島に移住(第2話参照)
同時に18件のプロジェクトを抱えていて…
ぷす ぷす
これが終わってもまだ17件残ってる…
どよ…
どよ
どよ
進行中案件1
クライアント ABC出版
点数 カット75点
納期 10月末
18件!! 俺の2倍だ!
毎日家でカンヅメで仕事をして外出は食事の時に少しだけ
ガツ
ガツ
急いで食べてすぐ帰ってまた描かないと!!
時には急いで食べて家に戻ったら…
家に帰ってから上着を裏返しに着ていたことに気づいたり…
あれ!?
は…はずかしー!!
ハハハ…
それ…そうとうキテますね…

そして…
うわー!!
もう限界だ!!
お願い神様!僕に…
1時間だけ時間をください!
なんて言ってレコード屋さんに走って…
TOKYO RECORDS
CDを買いまくってストレス発散したりしてました
これも買おう!
JAZZ
AOR

それからつい先週も
1週間で50枚イラスト
描いてヒジから血が
出ましたよ！
わっ
血っ
そんな感じかな。
では、頑張ってください！
大寺
ヒジから
血…
すげー…
いちおう…
出てないね！
血！
カキ
カキ
あれ!?
なんか…
コキ
コキ
まだまだ
やれる気が
して
きたぞ？
体は軽く、
頭スッキリ!!
いや～… 俺
なんか 甘えてたわ！
上には上がいる!!
はっはっは
こうして僕は
独立後最初の
繁忙期ピンチを
乗り切ったのだった！

Column 6

「限界に挑戦するべき」か「キャパを超えないように管理するべき」か

「限界に挑戦するべき」か「キャパを超えないように管理するべき」かという問題に関しては正解はなく、各々が適性に応じて選択していくべきなんだと思っています。

僕の場合は「限界への挑戦」を選択したわけですが、これは何だかんだ言いながらも僕自身が楽しめてたからであって、もし本当に辛い状況だとしたら無理は禁物なので、仕事を増やさずにオファーを辞退するなどして仕事量を調整しましょう。仕事を断ったとしても「二度と仕事がもらえない」ことはないはずですし、もしそういうクライアントがいても、別のクライアントを探せば済む話です。そういう判断が状況に応じてできるのもまた、フリーランスの特権なのです。

キャパオーバーで仕事をするフリーランスを運送トラックに例えると、最大積載量を超過してアクセルべた踏みを続ける状態。たとえ短期的に稼げたとしても長期的には非効率。

2005年 春…
前年から続いた仕事ラッシュは年度末のピークを境に 4月には一旦落ち着いた
ふぃーーー…っ
解放感〜〜!
仕事落ち着いたぜ!
あっ
先月末って ギャラの振込日だったたっけ…!
オンラインバンクをチェックするか…
ドキドキ
カチカチ!
ん!!!?
うわ!!!
すっっごい金額入金されてるじゃん!!!
第13話
フリーランスの初任給

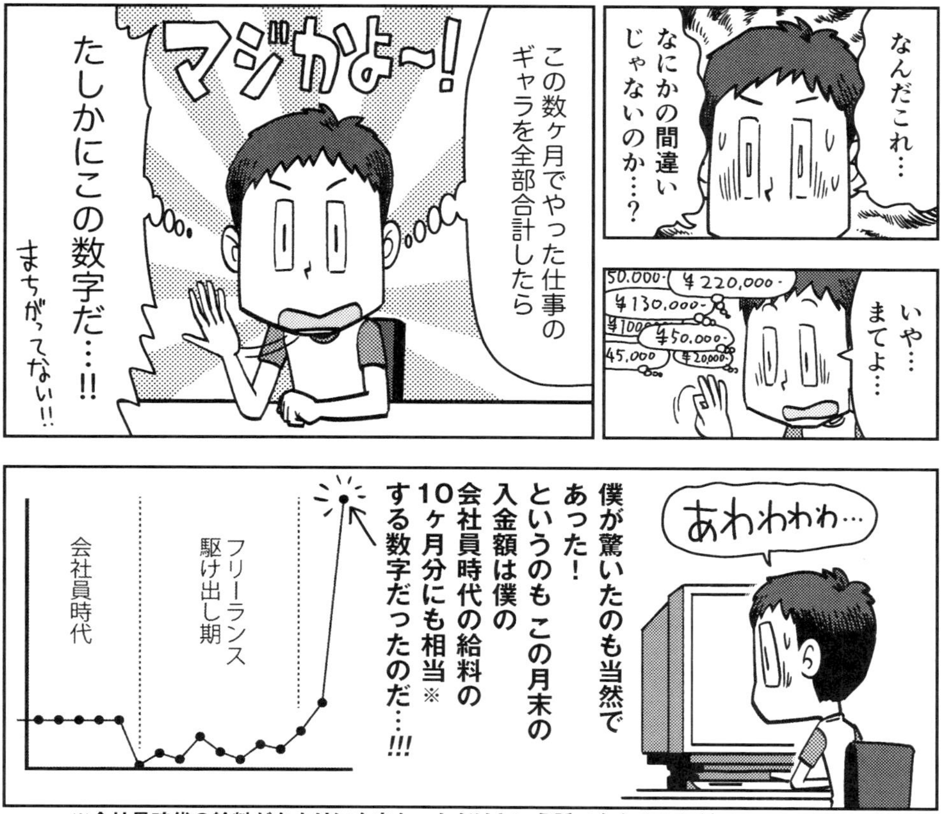
なんだこれ…
なにかの間違いじゃないのか…?
いや…まてよ…
¥220,000-
50,000-
¥130,000-
¥50,000-
45,000
¥20,000-
この数ヶ月でやった仕事のギャラを全部合計したら
マジかよ~!
たしかにこの数字だ…!!
まちがってない!!
あわわわ…
僕が驚いたのも当然であった! というのもこの月末の入金額は僕の会社員時代の給料の10ヶ月分にも相当する数字だったのだ…!!!※
フリーランス駆け出し期
会社員時代

※会社員時代の給料があまりにも安かっただけという話でもあるのだが…

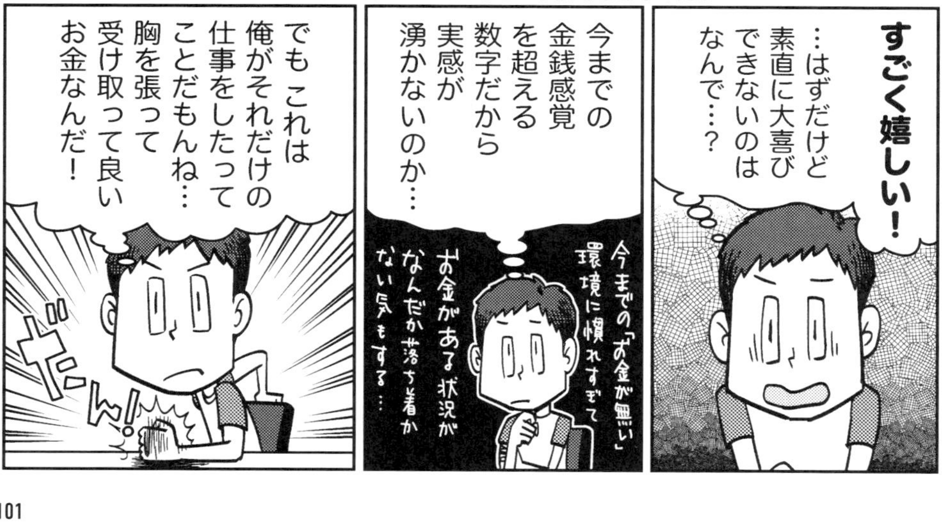
すごく嬉しい!
…はずだけど素直に大喜びできないのはなんで…?
今までの金銭感覚を超える数字だから実感が湧かないのか…
今までの「お金が無い」環境に慣れすぎて
お金がある状況が
なんだか落ち着かない気もする…
でもこれは俺がそれだけの仕事をしたってことだもんね…
胸を張って受け取って良いお金なんだ!
だんっ!

いや…まてよ!?
これ… 俺をおとしめようとする人たちによる…
出版社もグルになった壮大なドッキリ
…ってことはないだろうか!?
考えてみれば 独立して以来 どうも全てが上手く行きすぎてる!
今までの人生がツイてなさすぎたん
ドッキリだとしたら腑に落ちるぞ…!
何かと敵が多いん
ゲンキの野郎ムカつくぜ…!
なんとかしてあいつをこらしめたい
ゲンキを心底憎んでいる人々
どうやらあの野郎最近フリーのイラストレーターになって頑張ってるらしいぜ!
それを利用しよう!
SNS
この金で高田ゲンキというイラストレーターに仕事を発注してくれ
どん!
金だ…
わかりました!
出版社の編集さん
そして半年後
やった! 仕事してたくさん入金ゲット!
ドッキリ
バカめ! それはドッキリだ!
さあその金を返せ!
お前みたいなヘタクソにそんなたくさん仕事が来るワケないだろ!!!
えぇ〜〜!!

うわぁあ
……なんてことも
じゅうぶんに有り得る……
あぁあぁあ
万が一の事態に備えてこのお金は手をつけずにおくか…
でも冷静に考えたらありえないか…
ちょっと自意識過剰かな…
てへへ
いくら俺のことが憎くてもそこまで時間と金をかけてまでドッキリやらないよね…
はっ!!
あるいは…
かげながら俺を愛する女性による…
支援ってことはないだろうか!?
フリーランス!
ゲンキさん…
がんばるぞー!!
ゲンキさん
フリーランスになってがんばってらっしゃるのね…
そっ
ゲンキを愛しているが複雑な事情で思いを告げられない女性
うおー!
でもゲンキさんの下手なイラストでは 仕事なんてもらえっこないわ!!
このままではあまりにかわいそう!!

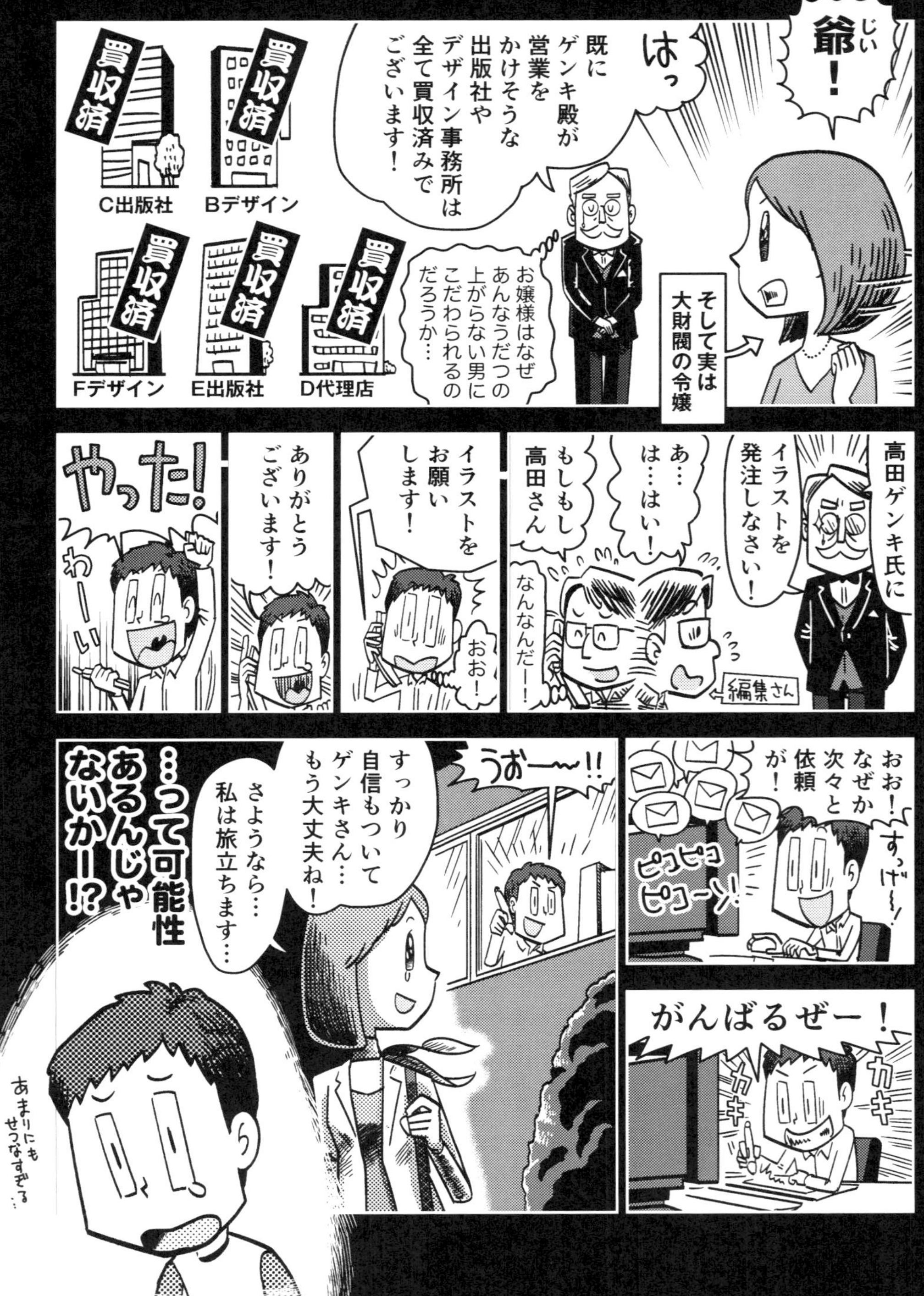
爺《じい》！
はっ
既にゲンキ殿が営業をかけそうな出版社やデザイン事務所は全て買収済みでございます！
そして実は大財閥の令嬢
お嬢様はなぜあんなうだつの上がらない男にこだわられるのだろうか…
買収済
C出版社
買収済
Bデザイン
買収済
Fデザイン
買収済
E出版社
買収済
D代理店
高田ゲンキ氏にイラストを発注しなさい！
あ…は…はい！
もしもし高田さん
なんなんだー！
編集さん
イラストをお願いします！
おお！
ありがとうございます！
やった！
わーーい
おお！なぜか次々と依頼が！
すっげ〜！
ピコピコピコーン！
うおーー!!
すっかり自信もついてゲンキさん…もう大丈夫ね！
さようなら…私は旅立ちます…
がんばるぜー！
カキカキ
…って可能性あるんじゃないかー!?
あまりにもせつなすぎる…

なーんて ウソウソ！ そんなこと ありえないって 分かってるけど…
マンガの読みすぎだね…
そうやって 疑心暗鬼になっちゃう くらい 非現実的な 金額なのよね これ 俺にとっては…
いわゆる "天文学的数字" ってヤツだね!!
…というわけで これはやっぱり 俺が正当に稼いだ お金ってことか…
う〜む…
でも…
こわい から 当面使わ ないで おこっと…
すーー
万が一返せって言われたら 返せるように…
そして…
何もなく 一ヶ月が 平和に過ぎ…
僕はギャラの 一部を使って 新しい Macと モニタを 買ったの だった！
PowerMac G5
Apple Cinema HD Display
これは仕事の ための設備投資 だから使っても 良いだろう!!

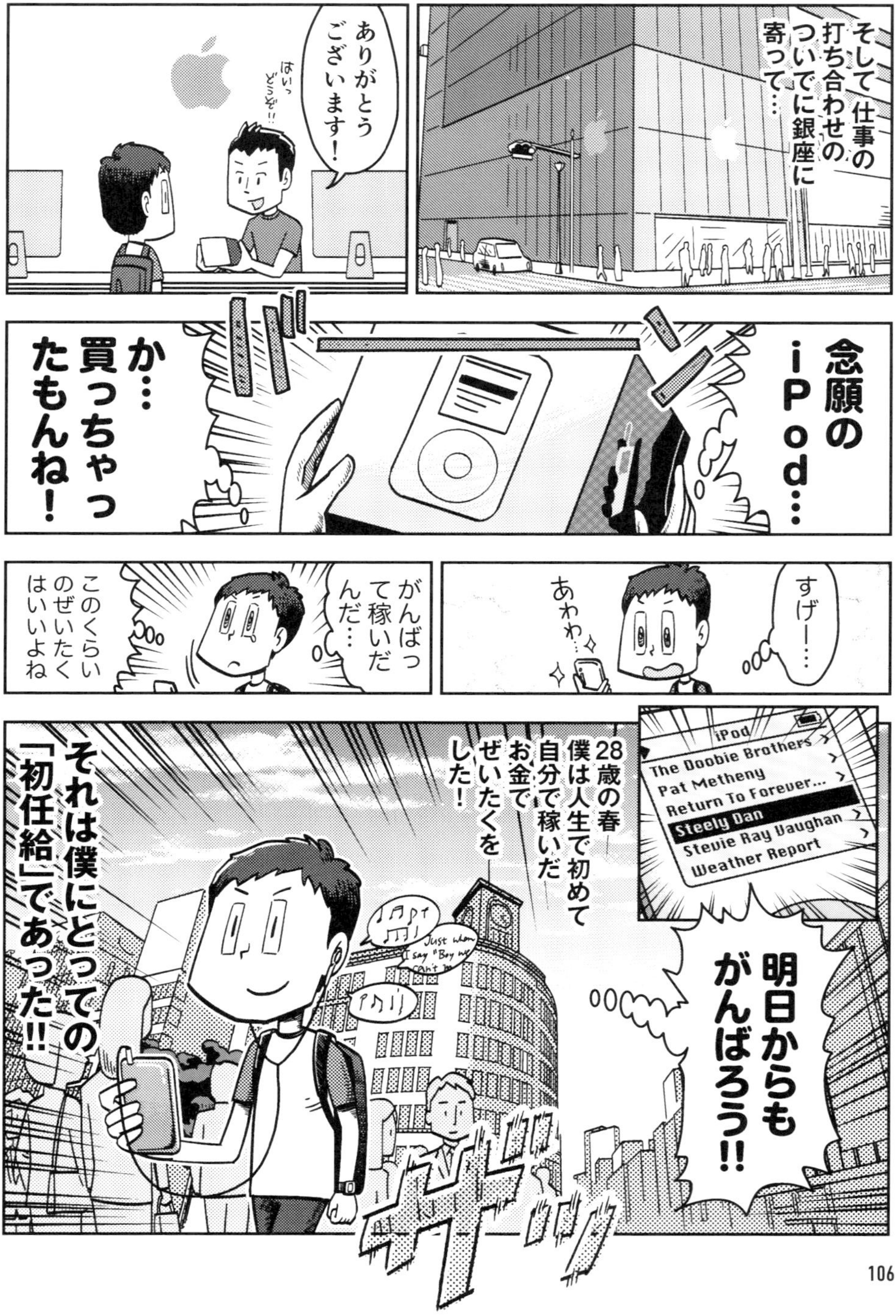
そして仕事の打ち合わせのついでに銀座に寄って…
ありがとうございます！
はいっどうぞ!!
念願のiPod…
か…買っちゃったもんね！
すげー…
あわわ…
がんばって稼いだんだ…
このくらいのぜいたくはいいよね
iPod
The Doobie Brothers
Pat Metheny
Return To Forever...
Steely Dan
Stevie Ray Vaughan
Weather Report
28歳の春僕は人生で初めて自分で稼いだお金でぜいたくをした！
明日からもがんばろう!!
それは僕にとっての「初任給」であった!!

Column 7

自分の仕事の価値が即数値化されるフリーランス

フリーランスの大きな特徴のひとつは、自分の仕事の価値が（売上という形で）即数値化されるということです。これは、駆け出し時には「収入の低迷」の原因になるのでデメリットと思われがちですが、その時期を乗り越えて受注数が増えてくると、仕事量や責任に比例してギャラが増えるというメリットになります。

特に僕の場合は会社員時代の月収が低かったので、フリーランス2年目の繁忙期後の月末には入金額で会社員時代の月収の10倍の金額をマークし、年収ベースでも会社員時代の2倍以上になったので、それだけでも「フリーランスになって良かった」と確信したものでした。

「会社で正当な評価をしてもらえていない」ならフリーランスになるべし

もしあなたが会社員で、会社が「自分の能力を正当に評価してくれない」と思っているとしたら、僕はフリーランスになることを強く勧めます（それが可能な業種なら）。フリーランスの働き方は過酷な面もありますが、能力や生産力が正当に評価されそのまま収入につながるという意味では、非常にフェアな世界だからです。

個展・・・
それはイラストレーターなら誰もが一度は開催を夢見る憧れの舞台である
第14話
個展でコテンパン
2006年夏 僕は・・・
初の個展を
開催して・・・
コテンパンに大失敗した・・・！
…というわけでこのエピソードでは僕の個展がなぜ失敗したかその理由を説明します！
2018年の僕

失敗した理由①
会場の選定を誤った
せっかく個展を開くなら多少値が張っても都内のギャラリーを借りてやるべきだったが…
同業者の友人から紹介されたカフェレストラン 地元のカフェレストランでやることにしてしまったのだった！
CAFE.RESTAURANT
失敗した理由②
会場のオーナーの人間性に問題があった
で… ここのオーナーが女性や羽振りの良い中年客にはやたら愛想が良いくせに…
オーナー！こちら先日お話したゲンキ君です！
よろしくおねがいします！
同業（イラストレーター）の友人。彼女の紹介で この店で個展をやることになった
どうもよろしくぅ！
あ!! いらっしゃいませ～!!
ようっ
くぅんくぅ～ん
オーナー
数日後
こんにちは！
個展の打合せに伺いました！
あん？
あぁ… 今日だったっけ…
今いそがしいから奥の席で待ってて！
僕に対しては完全に見下した態度を取るイヤ～なヤツだったのだ！
………
くぅんくぅ～ん
ありがとうございました～!!
貧乏くさい20代男子はこのような不遇な扱いを受ける事が多すぎて慣れてしまっていたので この時はやり過ごしてしまった

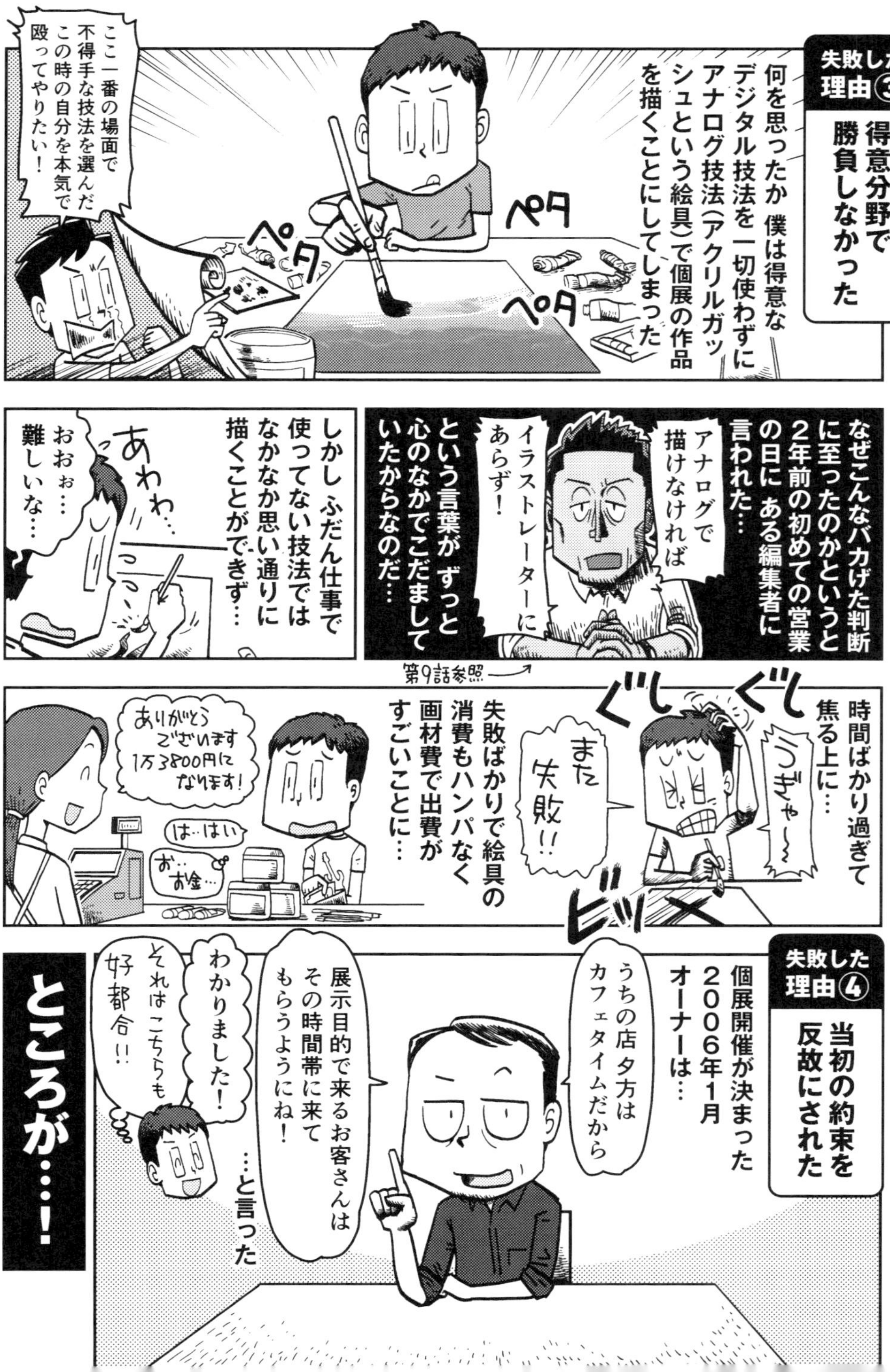

失敗した理由③
得意分野で勝負しなかった
何を思ったか 僕は得意なデジタル技法を一切使わずにアナログ技法(アクリルガッシュという絵具)で個展の作品を描くことにしてしまった
ペタ
ペタ
ペタ
ここ一番の場面で不得手な技法を選んだこの時の自分を本気で殴ってやりたい!
なぜこんなバカげた判断に至ったのかというと2年前の初めての営業の日に ある編集者に言われた…
アナログで描けなければ
イラストレーターにあらず!
という言葉が ずっと心のなかでこだましていたからなのだ…
第9話参照
しかし ふだん仕事で使ってない技法ではなかなか思い通りに描くことができず…
あわわ…
おおぉ…難しいいな…
時間ばかり過ぎて焦る上に…
ぐしぐし
うぎゃ〜〜
また失敗!!
ビッ
失敗ばかりで絵具の消費もハンパなく画材費で出費がすごいことに…
ありがとうございます 1万3800円になります!
は…はい
お…お金…
失敗した理由④
当初の約束を反故にされた
個展開催が決まった2006年1月オーナーは…
うちの店夕方はカフェタイムだから
展示目的で来るお客さんはその時間帯に来てもらうようにね!
わかりました!
それはこちらも好都合!!
…と言った
ところが…!

個展開始が あと半月ほどに迫ったある日 仕上がったDMを置きに会場の店に行くと…
えぇ!?
だから…
来月からカフェタイム無くすことにしたんだわ!
そんなぁ〜 困りますよ… カフェタイムに展示のお客さん来てもらえって言ったのオーナーじゃないですか〜
すでにカフェタイムの案内も添えて個展案内のDMも発送しちゃいましたし
なんとかなりませんか?
なんとかしろって言われてもねえ!
その時間人件費だってかかるわけよ? その人件費を払ってくれるワケじゃないだろ?
うぅ…
これはカフェタイムでの集客をアテにしていた僕にはかなりこたえた
わかりました…
ガクッ
あとあと思えばこの時点で このレストランでの個展開催を見合わせれば良かったのだが この時の 僕は泣き寝入りしてしまった…
仕事の依頼まで断って数ヶ月準備をしてきた上に DMもすでに発送済みということもあり なんとか個展を開催・成功させることに執着していたのだ…
ランチかディナーしないと 展示を見れないなんて…
きっとお客さん あんまり来てくれないだろうな…
とぼ とぼ

しかし 個展が始まってみると…
おおーーーー! 満席!!
予想に反し 連日たくさんの人が会場に足を運んでくれて
わい わい わい わい わい わい
僕の個展はとても賑わったのだった!!
や… やった〜〜〜……
しかし… ここにもまた落とし穴があった! 連日たくさんの人が来てくれるのは嬉しかったが そのほとんどが都内から遠路はるばる来てくれるので 僕もその都度店に顔を出し…
おーっす ゲンキ君 久しぶり!
おおー! お久しぶりです!
ゲンキー 来たぞ!
うほー! ありがと!!
こんばんは-!!
ずずー!! いらっしゃい!!
来たよ〜!!
やった-!!
どうもー
Hello!
連日連夜 お客さんと食事をしたところ…
カンパーイ!

すさまじい勢いで
お金が無くなっていったのだ!
ぴゅ
パラパラパラパラ
しかも この個展の成功にすべてを賭けていた僕は春先から ほとんどの仕事を断っており…
4月~6月
お仕事を…
すみません 今月は個展の準備中なので お仕事受けられないんです~
個展中も 連日会場に在廊するために やはり仕事を断ってしまっていた
7月
イラストをお願いしたいのですが…
すみません~ 今月は個展会場に在廊してるので お仕事受けられないんです~
つまり… 4ヶ月間収入ゼロ!
それでも…
この作品たちが売れて… しかもそれが新しい仕事に繋がれば それで良し!
…なんて思っていたのだが
個展が終わってみると…
3ヶ月以上かけて描いた10点の作品たちは
ただの1点も売れなかったのだった!!!

失敗した理由⑤
そもそも僕は個展に向かないイラストレーターだった
個展終了後の搬出日 僕は…
なんで俺は…
個展なんてやってしまったんだろう…
…と考えてやっと自分が個展に向かないタイプのイラストレーターだと気づいたのだった
↑売れなかった作品たち↑
「イラストレーターは個展をするもの」という固定観念に縛られてたのと…
憧れのイラストレーターたちが皆個展をしてるからマネしたかっただけだったのかもしれない…
その日 僕は海に向かって
(俺の)バカヤローーー!
…と叫んだ
「もう個展なんてしない」と誓いながら!
ザザーーー…ン

Column 8

イラストレーターは個展をやるべきか

イラストレーター業界には「個展をやるべき」という空気があります。しかし、僕のように個展に向かないイラストレーターもいます。そういう人は無理に個展をやらずに、自分が得意な方法で作品を発表していくほうが良いでしょう。

新しい挑戦は良いことだが…

フリーランスになって最初の数年を乗り越えて案件数や売上が安定してくると「もっと違うことにも挑戦したい」という気持ちが湧いてくるのは、僕に限らず多くのフリーランサーによく見られる傾向です。そして失敗して、「やはりこれまでやってきた専門性を大事にしよう」と初心に立ち返るのもまた、僕に限らずフリーランスによくあるケースです。

こうした経験があるので、フリーランスの後輩にもそういった助言をすることがあるのですが、これればかりは経験したからこそ分かることなので、若い人にはなかなか理解されないことの方が多いのが実際です。もちろん、失敗も含めて大事な経験なので、助言を無視して挑戦するのもまた良いと思いますが、一点だけ付け加えるとしたら「退路を残しておくべき」ということでしょうか。失敗しても元の場所にいつでも戻れるように。

2008年 春
フリーランス5年目の僕は…
あいかわらず毎日自宅でイラストの仕事をしていた
しかしその隣には…
2008年 5月
（当時31歳）
愛する妻がいた!!!
第15話
フリーランス夫婦は最高だぜ

2005年に出会った
僕らは 意気投合して
すぐに仲の良い友達に…
友達時代に美穂子が絵の才能があることを知り
ドリンクバー
サラサラー
ガーン
うまい!
2006年につきあい始め
プッププー
すかさず…
君もイラストレーターになろう!!
ガシ!!
俺の営業ノウハウを全て伝授させてくれ!!!
…と提案したところ…
あっさり…
あ!それいいね!
絵の仕事してみたかったし!
そして 営業をしてみたところ
僕よりはるかに高い打率で
仕事を獲得!
やったーー!
すげー…
ピコピコピコーン!
ポカーン

パンパカパーン!
そして2007年9月に結婚!
こうして僕らはフリーランスイラストレーターどうしの夫婦になったのだった
毎日ふたりで一日中いっしょに 同じ部屋で同じ仕事をするってどーなの？ と言われたりもしたが…
あっもうこんな時間か
お昼にしよっか
おっいいねー
控えめに言っても僕らにとっては
最高!!! だった
同業なので仕事の相談も…
あ！その前にちょっとだけ見てくれる？ ここの色どうかな？
どれどれ？
あー…きもーち背景にY足したら？※

※印刷業界用語で色味を黄色っぽくするという意味

ランチしながら仕事や生活の将来のビジョンを語りあったりできて…
フリーランス夫婦…
最高!!!

よし！
午後は都内で打ち合わせだから行ってくる！
夜には戻るから夕飯はいっしょに食べよう！
あ そうだったね！私は〆切近いから家で仕事してるね！
じゃ行ってきます！
いってらっしゃーい！
カンカン
「いってらっしゃーい」って…
うれしいナ〜！
てくてく
孤独な時期が長かったけど…
がんばって来て良かったなー
フリーランス夫婦最高〜！

そして夜…
ただいまー
ふー… 疲れたぜ!
あれ!?
じゃーーーん
うわ! すごい ごちそう!
あっ おかえりー!
換気扇の音で気づかなかったよ
明日〆切のイラストが夕方には仕上がったからさ
へへー
久しぶりに色々料理《つく》っちゃった
さっ たべよ!!
わ〜… そっか…
ありがとう〜
フリーランス夫婦最高すぎる〜!
↑これは別にフリーランスは関係ない

でさー
…だったワケよ！
もーたいへんだったよ！
あははー！ウケるねその編集さん！
それで「イラストレーターどうしの結婚生活ってたいへんそうですねー」なんて言うから
ビシッと言ってやりましたよ
くわっ
最高です!!
…ってねー！
あはははははやだー！
あっ
そうそうそれでその編集さんを今度美穂子にも紹介しようと思って！
仕事くれるかも!!
ほら！美穂子のイラストって俺のとちがって・・・・アート系じゃん？
ちなみに俺は職人系
ピクッ
今「アート系」って言ったでしょ！
それ言われるの嫌いって言ったよね？
ゴゴゴゴ
!!

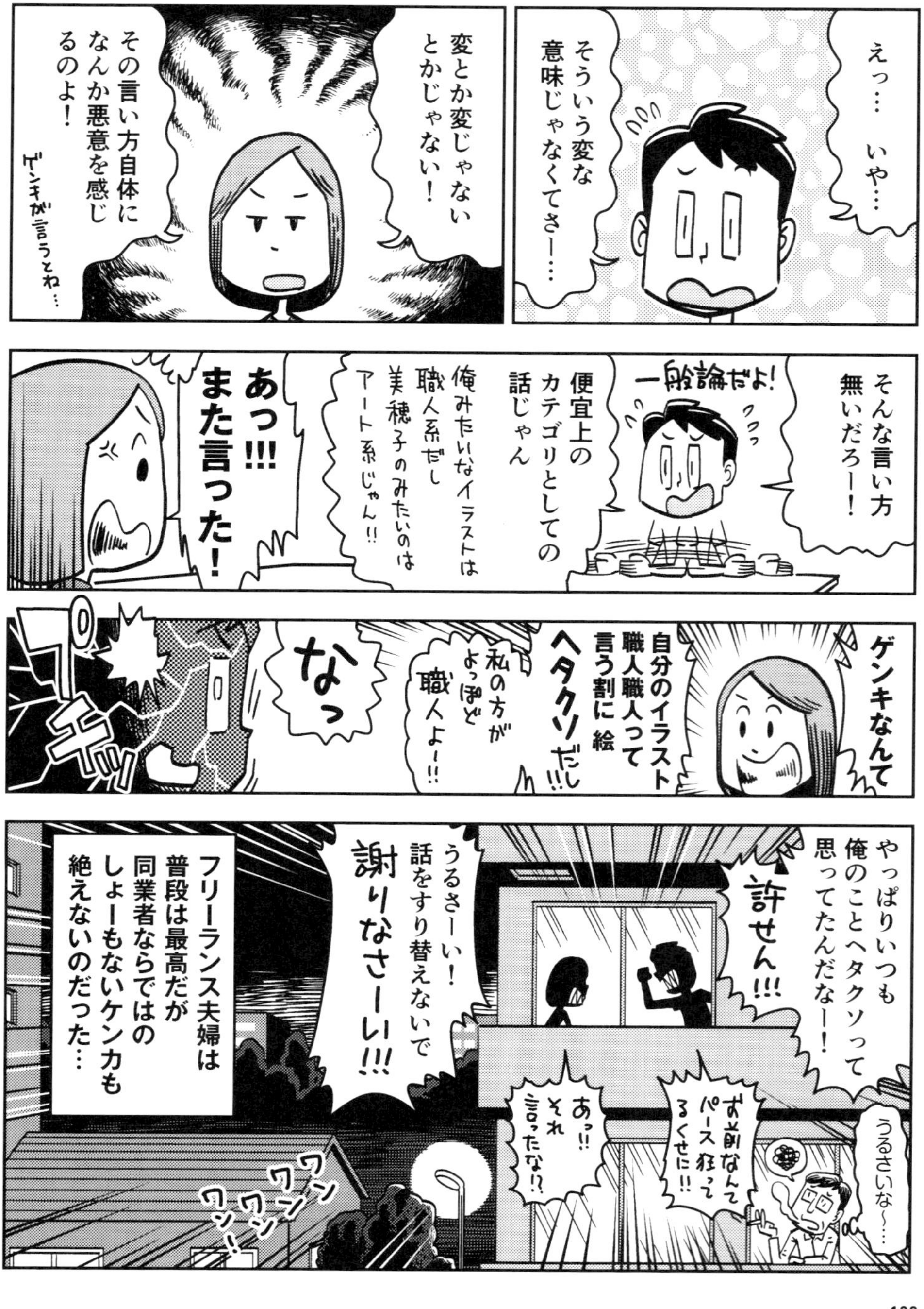

えっ…　いや…
そういう変な意味じゃなくてさー…
変とか変じゃないとかじゃない！
その言い方自体になんか悪意を感じるのよ！
ゲンキが言うとね…
そんな言い方無いだろー！
一般論だよ！
便宜上のカテゴリとしての話じゃん
俺みたいなイラストは職人系だし美穂子のみたいのはアート系じゃん!!
あっ!!!また言った！
ゲンキなんて
自分のイラスト職人職人って言う割に絵ヘタクソだし!!
私の方がよっぽど職人よー!!
なっ
プチッ
やっぱりいつも俺のことヘタクソって思ってたんだなー！
許せん!!!
うるさーい！話をすり替えないで謝りなさーい!!!
フリーランス夫婦は普段は最高だが同業者ならではのしょーもないケンカも絶えないのだった…
うるさいな〜…
お前なんてパース狂ってるくせに!!
あっ!!それ言ったな!?
ワンワン
ワンワン
ワン…

Column 9

結婚によって、僕は最高の〝仲間〟を手に入れた

独身時代、僕は完全にひとりで仕事をしていました。協調性に欠ける僕は、そのワークスタイルが非常に気に入っていましたが、1年2年と続けるうちに寂しさや退屈さも出てきて、「お互いを高め合えるようなフリーランスの仕事仲間が欲しい」と思うようになりました。当時はノートパソコンのスペックが低かったので外で仕事をすることも難しく（PowerBook G4の時代）、現在ほどコワーキングスペースもまだ一般的ではなかったので、なかなか難しい状況でした。

しかし、妻・美穂子と出会い、一緒にイラストレーターとして活動を始めることによって、僕は最高の〝仲間〟を手に入れたのでした。僕と妻はそれぞれ独立したイラストレーターとして活動しているものの、同業なので、絵について、ビジネス展開について、業界について等々、アツく語ることができ（時にはアツくなりすぎてケンカになることもありますが笑）、それぞれの仕事の成功がそのまま世帯収入としてお互いの豊かさに直結するまさに「運命共同体」なので、どんなユニットよりも結束が強いチームになることができました。僕は、仕事のオンとオフを分けるのが苦手なので（別の言い方をすれば「遊ぶように仕事をしていたいので」）、夫婦でありながら、仕事仲間

オマケマンガ 最近(2018)の僕ら

であり、ユニット／チームであり、いくらでも語り合える友人であるこの関係は、願っていた以上のものでした。そして、それこそが結婚から10年経っても我々の夫婦関係が良い秘訣だと思っています。

第4章

フリーランスの法律術

月末…
それはフリーランサーにとって
期待と不安の入り交じる時である…
2008年 秋 9月末
さーて
今月はいくら入金あったかな～
ONLINE BANK
カチ
カチ
カチ
ホク
ホク
今月はけっこう入金あるはずなんだよね♪
カチカチ
ガバ!
あれ!?
2008年 9月
(当時31歳)
第16話
不払いクライアントには気を付けろ!①

どうしたの？
びっくりした～…
お…おかしいなー
月末の入金額が思ったより少ないの…
え？入金？
いくらくらい少ないの？
に…に…
20万円…
20万円!?
ずいぶん大きな額だねえ！
当時の僕らにとって20万円は超大金であった…
あ～あれだ
バスコ・ダ・ガマ音楽院からの入金が無いんだ
どれどれ？
スス――!
あーなんかその仕事覚えてるよ
地元の音楽教室のイベントのイラストでしょ？
あれって
どういう仕事だったんだっけ？
ん？
んー…っとね

ことの始まりは3ヶ月くらい前にちょっと長い付き合いのある広告代理店の営業さんから電話があってさ…
もしもしゲンキさんお久しぶりです!
広告代理店 営業 石山さん
あ 石山さん!
お世話になります!!
おひさしぶりです!
突然ですがゲンキさん○○市の「バスコ・ダ・ガマ音楽院」って知ってます?
あーはいはいわかりますよ!
音楽(バンド)活動を長くやっていたのでそういうのは詳しい
そこが主催する子ども向けの音楽イベントのビジュアルをイラストでやりたいらしいのでゲンキさんにお願いしたいいんですよ!
おお!!
ただちょっとお願いがあって今回の件はウチの会社通さずにゲンキさんが直で受けて欲しいんですよ
あー 会社にはないしょでね!!
ほら…ウチ通しちゃうとマージンとか引かれちゃいますし
あ…はぁ…
ディレクション無しか…ちょいめんどくさいな…
DTPの制作も合わせてお願いしたいんですけどそれでトータル20万円で…ってことなんで今日中にも電話して打ち合わせに行ってもらえますか?
20万円!? ラッキー!!!!
わかりました!

翌日
バスコ・ダ・ガマ音楽院
こんにちはー
院長室
ここかな？
コンコン
失礼します！昨日お電話しましたイラストレーターの高田ゲンキです！
ガチャ
ピッカーーー!!
ようこそ「バスコ・ダ・ガマ音楽院」へ！
わたしが院長の鶴橋 悦子です
……
さっ！かけてくださいな！

…で
秋に開催される子ども向けの音楽イメージイベントのイラストをご希望ってことですよね？
そういうことよ！
わ
でも 勘違いしないで!!! これは ただの「音楽イベント」ではないの!!
音楽を通して世界の素晴らしさを子どもに教える「幸福の祭典」なのよ!!!

そのために私の世界観を正確に再現したイラストを描きなさい！
は…はい…
たじ…
…っていうのが最初で…
えー…なにそれなんかうさんくさいねぇ
よくそんな仕事受けたねぇ～
あはは－
だって…
何言ってんの!?
20万円だよ!?
くりかえすが当時の僕らにとって20万円は超大金であった…
で…ちゃんとやったんでしょ？
え？
そりゃーそうよ！
そのおばさん（院長）メールでのやりとりが苦手だから何度も訪問して打ち合わせしては…
バスコ・ダ・ガマ音楽院
もう5回目…
ダメ出しされて…
ココを直しなさい!!
前回の指示と矛盾してるじゃねえかー…
はあ…
修正して…
くそ～石山さんがディレクションしたくなかった理由がわかったぜ…

そして6回目の訪問でようやく…
よし！これでやっと私の世界になったわ！満足よ!!
よかったー…ありがとうございます！
ふ～…やっと終わった…
一ヶ月間かかったイラストとデザインの全ての業務を全て納品！
…ってかんじで先月末に納品して請求書も渡して…
今日がその支払日だったんだけどね
なぜか入金が無かったってワケ
あー
それさいちおう電話とかで確認した方が良いかもよ？
私一度支払い無いな～って思ってたら経理の処理ミスで未払いになってたことあったよ
ええええ～！
そりゃたいへんだ！なんか嫌な予感するからちょっと電話してみる！
ピッ
ピッ
ピッ
トゥルルルルル
トゥルルルルル

はい
鶴橋です
あもしもし！
お世話になってます
イラストレーターの
高田ゲンキです！
ちょっと
ご確認させて
いただきたくて
お電話
したん
ですけど
先日の
イラストのギャラ
今日がお支払の期日
だったはずですけど
まだご入金が確認
できないんですが…
すみませんなんだか催促みたいで…
あーーー
お伝えしてなかったかしら？
あら！うっかり!!
あのイベント
協賛が得られなく
なっちゃって
中止に
なったのよ
なので イラスト料も
当然お支払い
できませんので！
えええ!?
？
おほほほほほほ
ほほほほほほ
ほほほほ
ガタッ

第17話
不払いクライアントには気を付けろ！②
あのイベント中止になったのよ
おほほほほほほ
なので イラスト料も当然お支払いできませんので！
えええ!?
?
2008年9月（当時31歳）
ちょっと!?
それはないんじゃな…
プツ
ぐおお
なんじゃそりゃー!!!
通話終了
げ!!
ツー…

なんだって？
イ…イベントが中止になってイラスト料の20万円払えなくなったたって…
えええええー!!?
くどいようだが当時の我が家の家計において20万円は超大金であった！
ちょっとまだ冷静になれてないんだけど…
むむ
一般的にそれってそういうものなのかな…？
いやいやいや！
おかしいでしょ!!
「○○のためにイラスト描いてください お代は20万円払います」「はい わかりました引き受けます」って時点で契約成立でお互いに債務（法律上の義務）が発生してるわけ！
へいっ おまち!!
あ…気が変わったから～やっぱりそれいらないわ
お金も払わないわ!!
ええ!?
それを「使わなかったのでお金払いません」っていうのはラーメン屋でラーメン頼んでおきながら「やっぱり食べたくなくなったので食べないしお金も払いません」って言ってるのと同じくらいおかしなことでしょ！
債務不履行でしょ いわゆる…
たしかにそうだ！

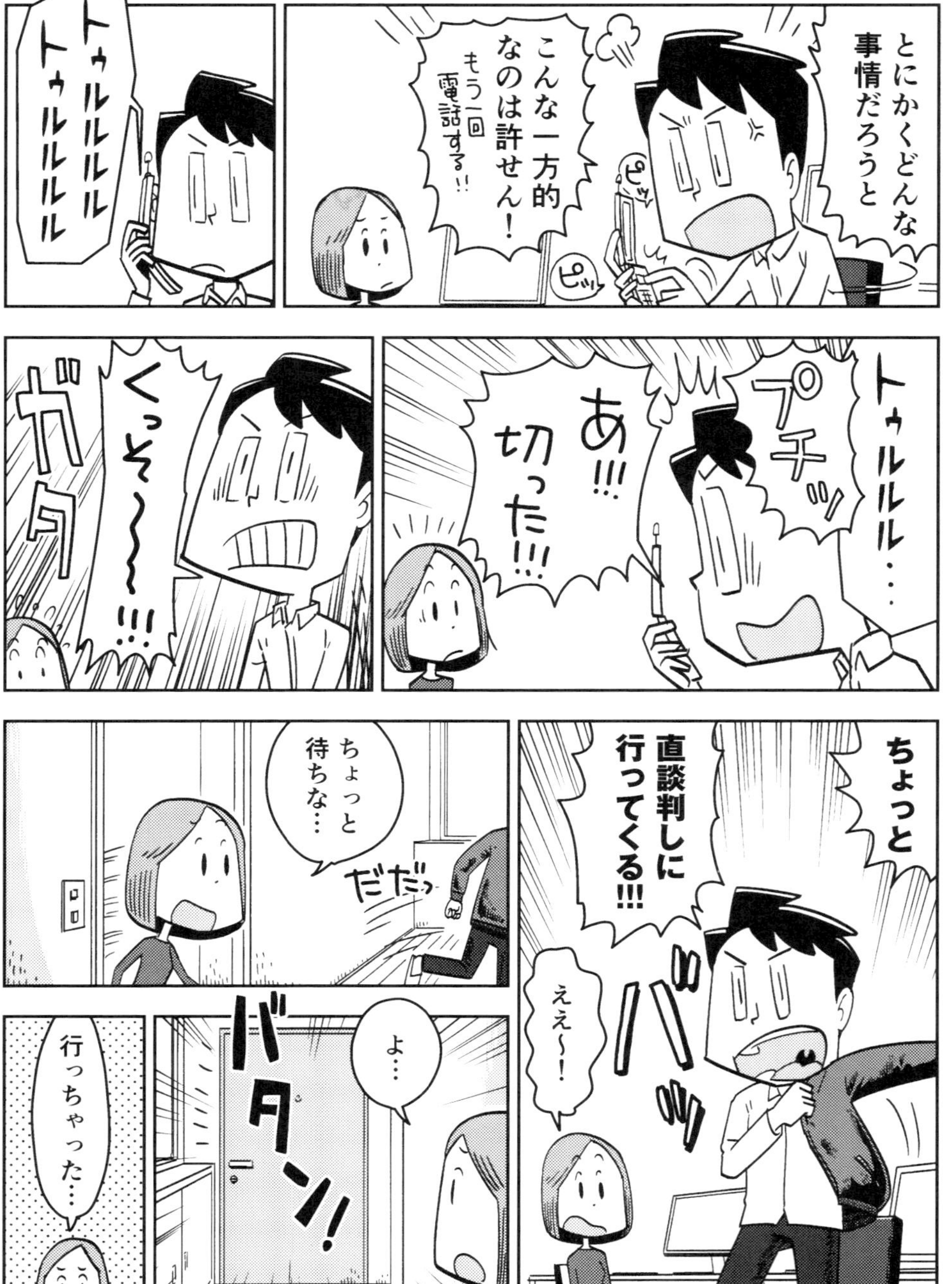
とにかくどんな事情だろうと
こんな一方的なのは許せん！
もう一回電話する!!
ピッ
ピッ
トゥルルルルトゥルルルル
トゥルルル・・・
プチッ
あ!!!切った!!!
くっそ～～!!!
ガタ
ちょっと直談判しに行ってくる!!!
バッ
ええ～！
ちょっと待ちな…
だだっ
よ…
バタン!
行っちゃった…

2時間後
ただいま…
あ！ おかえり〜
どうだった？
だめだった…
ええ!?
院長さんには会えたの？
いや…
それがさ〜受付で…
はいは〜い こんにちは！
すみません…
鶴橋院長にお会いしたいんですけど…
はい！ お名前をちょうだいできますか？
イラストレーターの高田ゲンキです
い……院長は急用で先ほどパリに向かわれてこちらにはいませんし連絡も取れません！
えええ？
ぷい！

ちょ…ちょっと待って！
ちょ…
たん！
受付終了
スタスタスター
ぐすん。。。
…って感じでまさに門前払いで…
すでに受付に通達があったみたい
ひえええー露骨だね…
マジで許せん!!!
フランスとか絶対ウソだし！
バン！
いやでもそこんとこはもしかしたらホントかもよ？
いや！絶対ウソなんだって！
そうなの？なんで？
だって帰り際に外から見たら
院長室の窓にタマネギ頭のシルエットが映ってたもん！
バスコ・ダ・ガマ音楽院
ワキ甘いな！
あはは!!!

くっそーーー！
許せーん
明日の朝いちばんでどなりこみに行ってやるうううぅ！
おおおおお
ちょっと待った!!!
え…なんで？？？
あのねぇ！
ゲンキのノリでそれやったら逆に通報されて恐喝罪で自分が犯罪者になるよ？
やり場を失ったコブシ
なんだよ～……
しらけるぜー
あ～
やだやだ!!
急に法律家みたいなこと言い出してさ～
…って
あれっ
あ!!!
あああああ…

み…み…
美穂子って…
そういえば法学部出身じゃん！
法学部出身
いちおうね…
じゃあさ…
こういう時ってどうすればいいの？
おしえてくれー
私が知る限りだとこのケースは…
少額訴訟しかないかな…
少額…訴訟!!?
いきなり裁判沙汰かよ!!?
いや…訴訟って言ってもゲンキが思ってるほど大げさなものじゃないよ！
ちょっとまってね今ちゃんと調べてシェアするから…
記憶があいまいだからさ…
うるさいなー…
カタカタカタカタ

少額訴訟とは…

訴額60万円以下の金銭の支払いに
関する 簡易裁判所での裁判

おお…なるほど~~…
ちょっ…今テキトーに調べただけだからね!?

① 書類を揃える

契約内容等をやり取りした書類を揃える。
契約書があればベストだが、ない場合はメールのやり取りの記録でも可。電話の通話記録も有効。

② 相手に内容証明を送る

訴訟にそなえて、相手に内容証明を送る。
ギャラの額や支払期限、不払いに対して法的手段を行使する意志などを明記。司法書士に代行してもらえる。

法的に強制力は無くても これは相手には かなりのプレッシャーだぞ!!
これは使える!!

③ 少額訴訟

少額訴訟は審理も判決も即日。ただ、証拠書類提出のために事前に複数回裁判所に行く必要がある場合もあるので、司法書士に代行してもらっても良い。

裁判当日に被告が出席しない場合は欠席裁判となり自動的に原告勝訴となる。ただし、判決に支払いの強制力は無いので、それでも支払われない場合は差し押え等の手段に出る必要がある。

よーし！燃えてきた！
法学部卒の血が騒ぐ~♪
さっそく良い司法書士さがそう!!
あ
ちょっとまって！
ぴっ
え？
なによ~…
せっかくいいところなのに…

このクライアントだったらメール一本で充分だろ！
あのおばちゃん絶対世間知らずだからね!!!
バスコ・ダ・ガマ音楽院 御中
お世話になっております。
イラストレーターの高田ゲンキです。
今回の御社の不払いに関しまして、
すでに当方は少額訴訟を視野に入れ、
司法書士との相談を考えております。
その場合は内容証明が届くかと
思いますのでご了承ください。
当方としては、イラスト料をすみやかに
お振り込みいただけることを、
切に願っております。
なお、本日までにイラスト料の
20万円をお振込みいただければ
訴訟の取りやめに応じることも
可能です。
高田ゲンキ
カタカタ
わ～そういう機転はすごいな！
バシュ
送信!!
タン!
10分後
ピピピピピピ
はい！高田です！
チャッ
あ…バスコ・ダ・ガマ音楽院の事務局です…今鶴橋院長からの指示で20万円を高田さんの口座に入金させていただきました…ご確認いただけますでしょうか…
やった———！
マジか～！
ONLINE BANK
○○○ ￥50,000
XXXXX ￥80,000
▲▲▲ ￥120,000
バスコダガマ ￥200,000

それで… あの… 例の訴訟の件は ご勘弁いただけますか…
しっしっしっ…
ええええ！そりゃもう！ お支払いいただければ 良いんですよ！ではでは！
ほら！ うまく行った！
ピ
ホンマかいな
あーーー 無事に 支払ってもらって スッキリしたぜーー！
うーーん…
でもさー
ん？
こういうやり方すると 逆恨みとかされて 音楽教室は ともかく 石山さんの 代理店 からも 仕事 もらえなく なっちゃうかもね…
こっちは 悪くないのに くやしいなー…

なーに言ってんだよ！
音楽教室はもちろん石山さんの代理店からの仕事だってもうコリゴリだよ
こっちから縁を切って営業してもっと良いクライアントを見つけるさ！
そういうのを自分の判断ひとつで決められることこそが…
フリーランスのいいところなんだから！
うん…
それもそうだね！

Column 10

フリーランスにつきものの「金銭トラブル」

フリーランスの代表的な金銭トラブルのひとつが「未払い・不払い」です。ちなみに、「未払い」と「不払い」は、どちらもクライアントからギャラが支払われない状況を指しますが、定義が少し違います。

- 「未払い」＝相手（クライアント）に支払う意思はあるものの、何らかの事情で振込がされない状態のこと
- 「不払い」＝支払いの義務を自覚しながら、意図的に支払いをしない状態のこと

「フリーランスは立場が弱い」は本当か？

よく「フリーランスは企業相手だと立場が弱い」と言われますが、僕は最低限の法知識さえあればフリーランスの方が強いと思っています。理由は2つ。

- 企業は個人に比べて自らの不払い等の問題が訴訟沙汰など大事に発展して、世間の評判が悪くなる可能性を非常に恐れるから（特に近年はＳＮＳの発達により悪評が広まりやすい）
- ネット社会の発達の恩恵でフリーランサー同士の情報共有もかつてより格段に進んでいるので、不誠実な企業は淘汰されやすい

2008年12月
東京・渋谷
ガヤガヤ
僕は…
某広告代理店社内の会議室で…
あるプロジェクトの
企画会議に出席していた！
第18話
著作権を味方につけろ！①

プロジェクトは
大手旅行代理店のウェブサイトの
翌年 春のリニューアルに伴う
東京エリアの観光地を紹介する
イラストマップ制作！
国内から海外まで旅行のことなら
●●旅行社
観光マップ
?
ココ
当時の僕にとっては
大口の仕事だった！

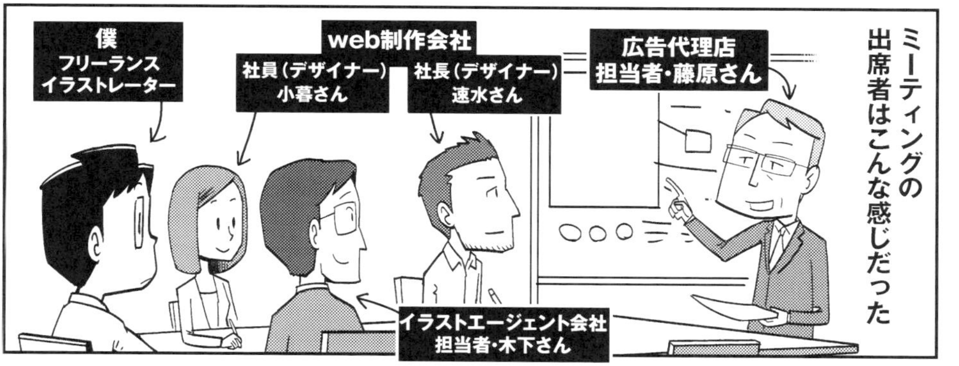
ミーティングの
出席者はこんな感じだった
広告代理店
担当者・藤原さん
web制作会社
社長（デザイナー）
速水さん
社員（デザイナー）
小暮さん
僕
フリーランス
イラストレーター
イラストエージェント会社
担当者・木下さん

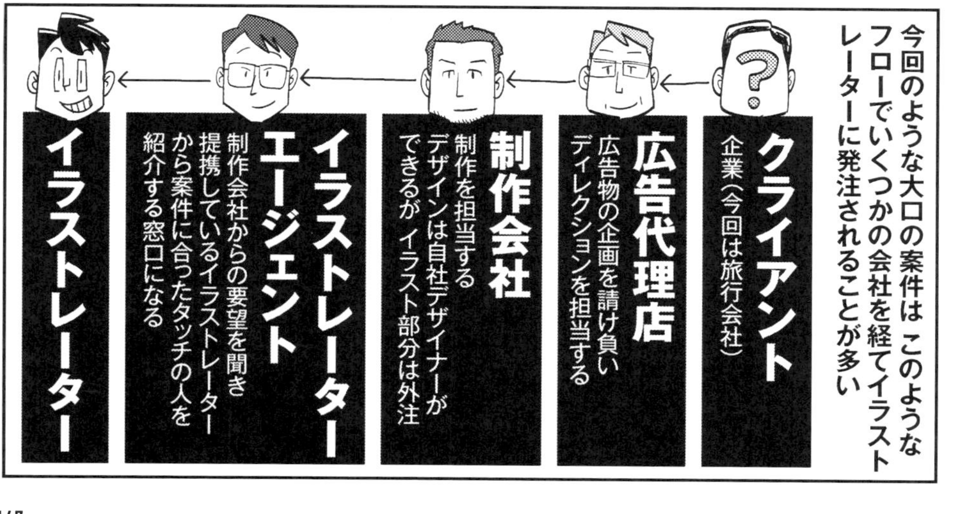
今回のような大口の案件は このような
フローでいくつかの会社を経てイラスト
レーターに発注されることが多い
?
クライアント
企業（今回は旅行会社）
広告代理店
広告物の企画を請け負い
ディレクションを担当する
制作会社
制作を担当する
デザインは自社デザイナーが
できるが イラスト部分は外注
イラストレーター
エージェント
制作会社からの要望を聞き
提携しているイラストレーター
から案件に合ったタッチの人を
紹介する窓口になる
イラストレーター

ミーティング終了後
よ〜〜〜〜し
とうとう俺もこういう大きな仕事が舞い込むようになってきたぞ！
ギャラも良いし実績にもなる！頑張るぞ〜〜〜
帰って美穂子に報告だー！
ぐっ
そして帰宅後…
え〜〜〜〜〜！
それ すっごいいい仕事だね！
やったね！
へっへっへー
うん
ありがとう！
イラストの初期制作費用は普通の広告イラストよりは少し安いけど季節ごとにリメイクするから
初期制作費用
（イラストマップ春ver.）
30万円
季節ごとにリメイク
（夏・秋・冬ver.）
二次使用料
9万円（初期制作費の30％）
加筆修正の作業費
?円（5万円〜10万円くらい）
そのつど二次使用料プラス加筆修正の作業費を支払ってもらえるんだってさ！
担当の木下さんが言ってた!!
おおー！じゃあトータルでは相場よりギャラが高いくらいだね！

そして僕は2ヶ月にわたり都内での制作会議に数回出席しつつ…
あ…そこのテキストの色海の青にのせて白ヌキはどうですかね。
あ…たしかに！
おお！さすがゲンキさん！ナイスアイデアですね！
長期間こもって制作に没頭して…
がんばれー！
うおおおおおお
ガガガガ
無事にイラストを完成させて
じゃーーん
納品!!!
↑注：実際のイラストとは異なります
2009年の4月に公開！
●●旅行社
観光マップ
やったぜー！
すごいね！おつかれさま～

いやー…
がんばったぜ〜
これであとは
6月ごろに
夏バージョンの
リメイク作業が
始まるので
その頃にまた
ご連絡します
おつかれさまでした!!
おかげさまで先方にもたいへん好評でした!!
…っていう
流れに
なるんだって！
なるほど なるほど！
こういう継続的な
仕事って良いね！
イラストエージェント担当者の木下さん
よーし！
夏バージョンも
がんばるぜー！
う〜〜ん…
…と
続編のリニューアル
にも並々ならぬ
やる気をたぎらせる
僕だったが…
6月になっても7月になっても
エージェントからの連絡は
来なかったのだった…
そして7月下旬…
あっ
そういえば
とうとう
あの件の
連絡
来ないなぁ
!?
あぁ！
あの旅行
サイトの
夏バージョンの
話か！
ちょっと
サイト見て
みよう
もう夏なのに
まだ春バージョン
なのかな…？
カチッ

あれ!?
なんだこれ!?
?
どしたの!?
僕のイラストを元に 誰かがリメイクした 夏のイラストたち
氷
バババババ
む… 無断で…
イラストが改変されている〜〜〜!
えええ〜〜〜!?
しかもどれもビミョーに下手い!!
ぷるぷる…

第19話 著作権を味方につける！②

む…無断でイラストが改変されている〜〜〜！
ええええ〜〜〜!?
2009年 7月（当時32歳）
ど…どうしてかな…
わ…わかんね…
だって木下さんは
6月ごろに夏バージョンのリメイク作業が始まるのでその頃にまたご連絡します
…って言ってたんだぜ〜…？
だよね…

とにかく！
ガバッ
木下さんに
電話して
みる！
解せな
すぎる!!
うんうん…
トゥルルルルルルルル
カチャ
はい！
木下です！
お世話に
なっており
ます
木下さん お久しぶりです
イラストレーターの
高田ゲンキです！
あゲンキさん！
お久しぶりです！
どうされました？
はい…
えーっとですね
4月に公開された
観光イラストマップ
あったじゃない
ですか？
はいはい！その節は
本当にお世話に
なり
ました！
あのイラスト
サイト上で
僕に無断で
改変されてる
んですけど？
なんか
見たこともない
夏バージョンに!!!
えん!!?
シ〜ン
ちょ……
ちょっと
事実関係
調べて
折り返します
ね!!
あ…
はい
プチ
……
……

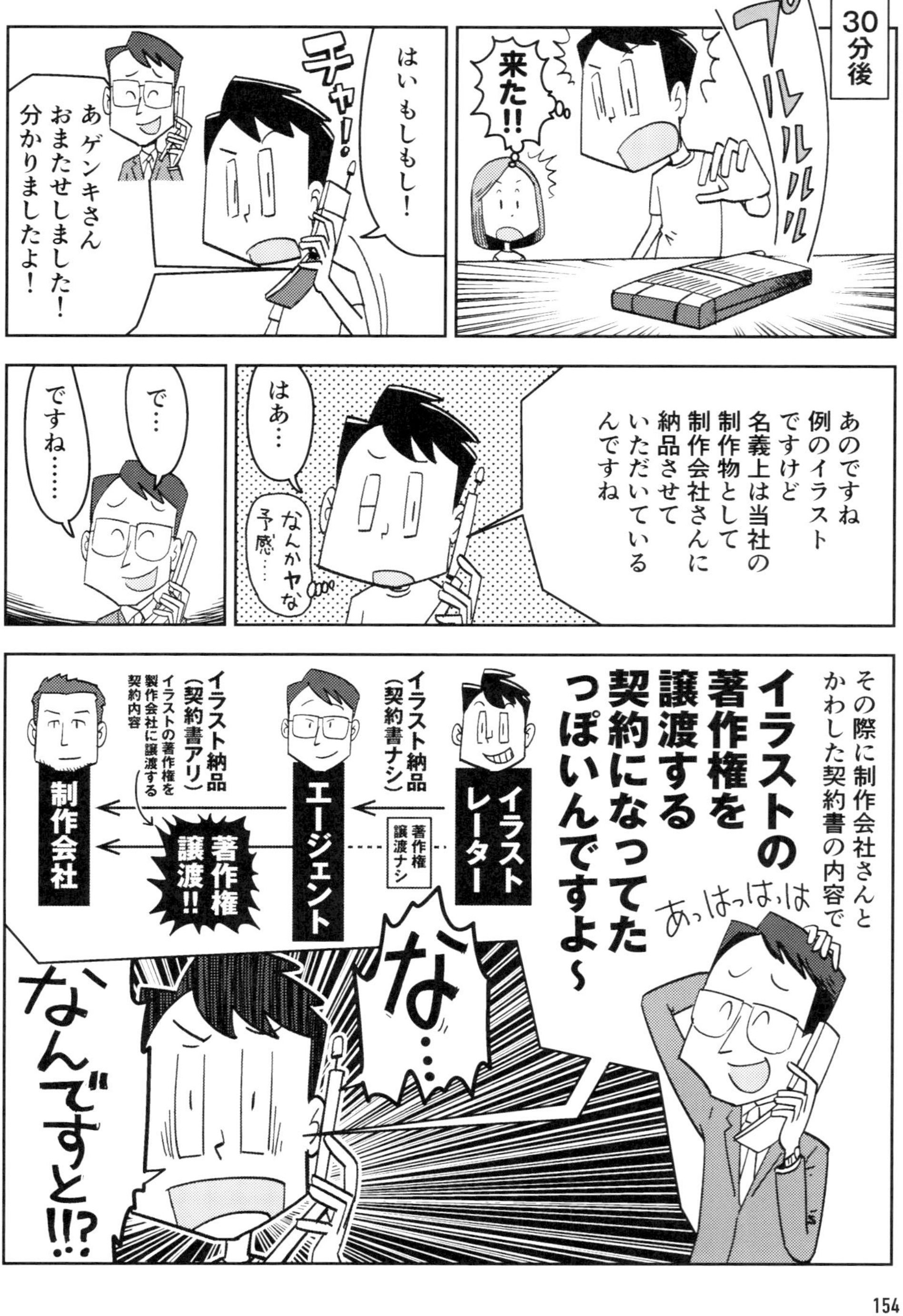
30分後
プルルルル
来た!!
チャ!
はいもしもし!
あゲンキさん
おまたせしました!
分かりましたよ!
あのですね
例のイラスト
ですけど
名義上は当社の
制作物として
制作会社さんに
納品させて
いただいている
んですね
はあ…
なんかヤな
予感…
で…
ですね……
その際に制作会社さんと
かわした契約書の内容で
イラストの
著作権を
譲渡する
契約になってた
っぽいんですよ~
あっはっはっは
イラストレーター
イラスト納品
（契約書ナシ）
著作権
譲渡ナシ
エージェント
イラスト納品
（契約書アリ）
イラストの著作権を
製作会社に譲渡する
契約内容
著作権
譲渡!!
制作会社
な…
なんですと!!?

ちょ…
著作権譲渡って
なんで著作者の
僕には無断で
勝手にそんな…
いや～ すいません
それがうちの法務部から
同様の内容の契約書を
ゲンキさんにも送った
はずだったんですけど
どうやら契約書を
送りそびれて
いたっぽくて
ですね…
おいおい
おいー!!
で… ですね?
ゲンキさんとしても
色々おっしゃりたいことが
あるかとも思うんですけど
もうそういう契約で
クライアントさんの方にも
通ってしまっているので
今回は事情を
ご理解いただければ
と思うんですよ…
はあっ?

あっ…もちろん今後のお取引でもっと良いお仕事を回すことをお約束しますんで…
いや！
ガタ!!
いやいやいや！ちょっと待ってくださいよ！
勝手なことしといて勝手にまとめないでくださいよ！
僕あさっての午後に打ち合わせで東京行く用事があるのでそのついでに御社に伺います！いいですね!?
は…はい…！
…っつうわけで
あさって木下《エージェント》さんとこ行ってくるわ…
うんだいたい聞いてたよ
なんかひどいね～…
ピ
しかしまいったな…
頭にきてああ言ってみたもののどうしたもんだろか…

著作権のことなんて
実はよく知らないし
あっちは法務部とか
顧問弁護士とか
いるから
分が悪いよな〜…
フリーランスの先輩も
法人のクライアントと
揉めると泣き寝入り
してる人が多いみたい
だし悔しいけど
どうにもならないかな…
いや！
泣き寝入り
なんて
絶対に
ダメだよ！
ドン
またしても法学部出身の妻がヤル気を出してる〜!!
ちょっと
ちゃんと調べるね！
そもそも著作者自身
に契約内容も見せ
ないで
著作権譲渡とか
ありえないし!!
あ！
「イラストレーターズ
通信」の顧問弁護士
さんとも連絡しよう!!
大学時代の
友だちにも
聞いてみる!!
ゴオオオオオオオオオオオー

2日後 僕は単身
イラストエージェントへ…
エージェント社
4時に
木下さんに
お約束
いただいている
高田ゲンキと
申しますが…
はい A会議室で
お待ちしているとの
ことです
受付
スタスタスタ
A会議室…
A会議室
ここか…
コンコン
どうぞ！
ガチャ
失礼します！
どうもどうも ゲンキさん！
お待ちしていましたよ！
ん？ この人は
誰だろう？
さあ！
おかけください！
ゴゴゴゴゴゴ

オマケコーナー
俺のFavorite Things《フェイバリット・シングス》
毎日の仕事を彩ってくれるお気に入りのモノたち
No.3「ノマド環境」
フリーランスの良いところのひとつは"自宅で仕事ができる"ということ!! しかし…
あまりにも家にこもり続けてると行き詰まって効率が悪くなってしまうこともしばしば。
そんな時は外でも仕事ができる"ノマド環境"が大活躍!!
大公開!!
これが外で仕事するための僕らのノマド環境だ!!
Wacomのペンタブレット"Intuos Pro-M"
iPad Pro (10.5-inch)
Macbook Pro (2017/15-inch)
Apple Pencil
AirPods
WD-HDD (4TB)
このノマド環境"は、カフェ仕事だけでなく、旅行や一時帰国の時も大活躍なんです!
周辺機器や活用法などを こちらのブログ記事にもまとめていますので、ぜひご覧ください!!
これで君も今日からノマドだ!⇒
https://genki-wifi.net/nomad2018

どうもどうも ゲンキさん!
お待ちしていましたよ!
ゴゴゴゴ
ん? この人は誰だろう?
2009年 7月
(当時32歳)
第20話
著作権を味方につけろ!③
あ! 今日はうちの部署の上司の枝松も同席します…
枝松ですよろしくお願いいたします
さっ
さっ
あはい…
上司…
弁護士か法務部の人かと思った…
失礼します
どっか
あゲンキさん…
なにか飲みます?
コーヒーとかお茶とかジュースとか…
けっこうです!!
はは

では…
さっそく本題ですが…
例の著作権譲渡の件
なんとかご理解
いただけないでしょうか
それは
できません
し… しかしですね…
そう言われても
こちらもホント
困るんですよ！
ぴらっ
実際
制作会社さんとも
この通りすでに
契約書を
交わしちゃってる
わけですし…
おっ
ちょっと
その契約書
見せて
ください
え、え!?
それは
ちょっと…
いやいやいや！
そもそも僕のイラストに
関する契約書ですし
同じ内容の契約書を
僕にも送るはずだった
って言ってましたよね？
それなのに
見せたがらないって
おかしくないですか？
あ～はい！
見せます
見せます！
バババ!!

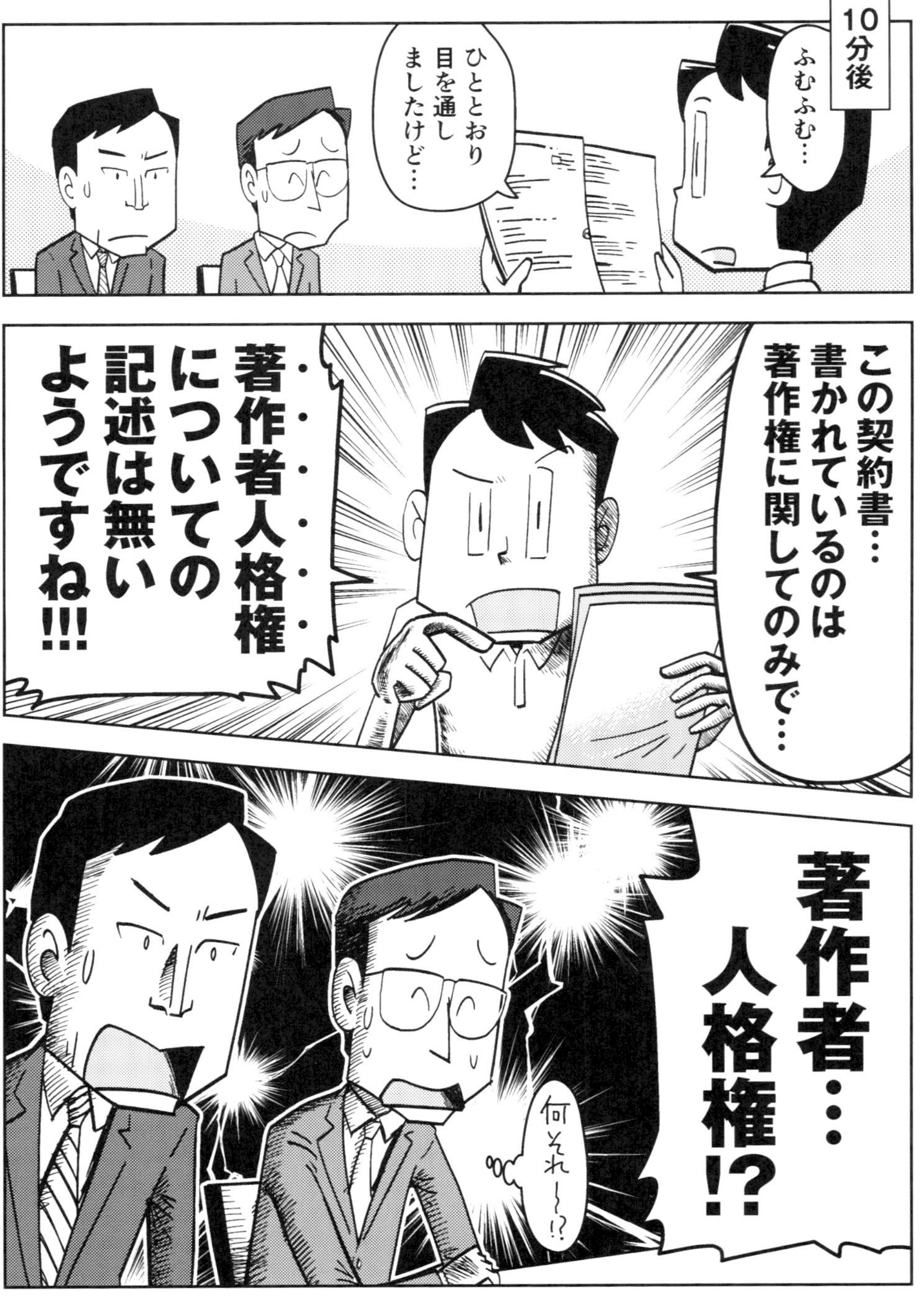
10分後
ふむふむ…
ひととおり目を通しましたけど…
この契約書…書かれているのは著作権に関してのみで…
・・・・・・著作者人格権についての記述は無いようですね!!!
著作者…人格権!?
何それ～!?

著作者人格権を ご存知無いよう なので いちおう ご説明 しますと…
しめしめ… ラッキー！
2日前
著作者人格権 っていうのはね…
著作権とは別にもうひとつ著作者が 持っている権利なんだけど こっちは著作権とは違って 他人に譲渡できないの で 著作者人格権には 「公表権」「氏名表示権」 「同一性保持権」が あるんだけど この場合は そのうちの同一性保持権を ゲンキが行使することで たとえ著作権が譲渡された作品でも 第三者がゲンキの意に反した改変は できないことになってるのね！
←著作者
保有
保有
著作者人格権
公表権
氏名表示権
同一性保持権
譲渡できない
著作権
複製権
展示権
譲渡権 等々…
譲渡できる
第三者に著作権を 譲渡しても…
著作者人格権（同一性保持権）を 行使すれば 著作権を有する 第三者は著作者の意に反した 改変することはできない!
ほえ～～～……
まじかよ…
すげーな… 著作者人格権！
そう！
だから最近は著作権譲渡の契約の際に 著作者が著作者人格権の行使をしない ことも明記するケースも増えているの
あとあと 著作者が行使 してモメる事を 未然に回避 するためにね
あさってエージェントに行ったら 何とか契約書を見せてもらって まずは その点を確認するといいよ！
まあでもそもそも 例の契約書は 著作者である ゲンキの許諾無しに 著作権譲渡をしようと してる時点で効力ゼロ なはずなんだけどね！
!!

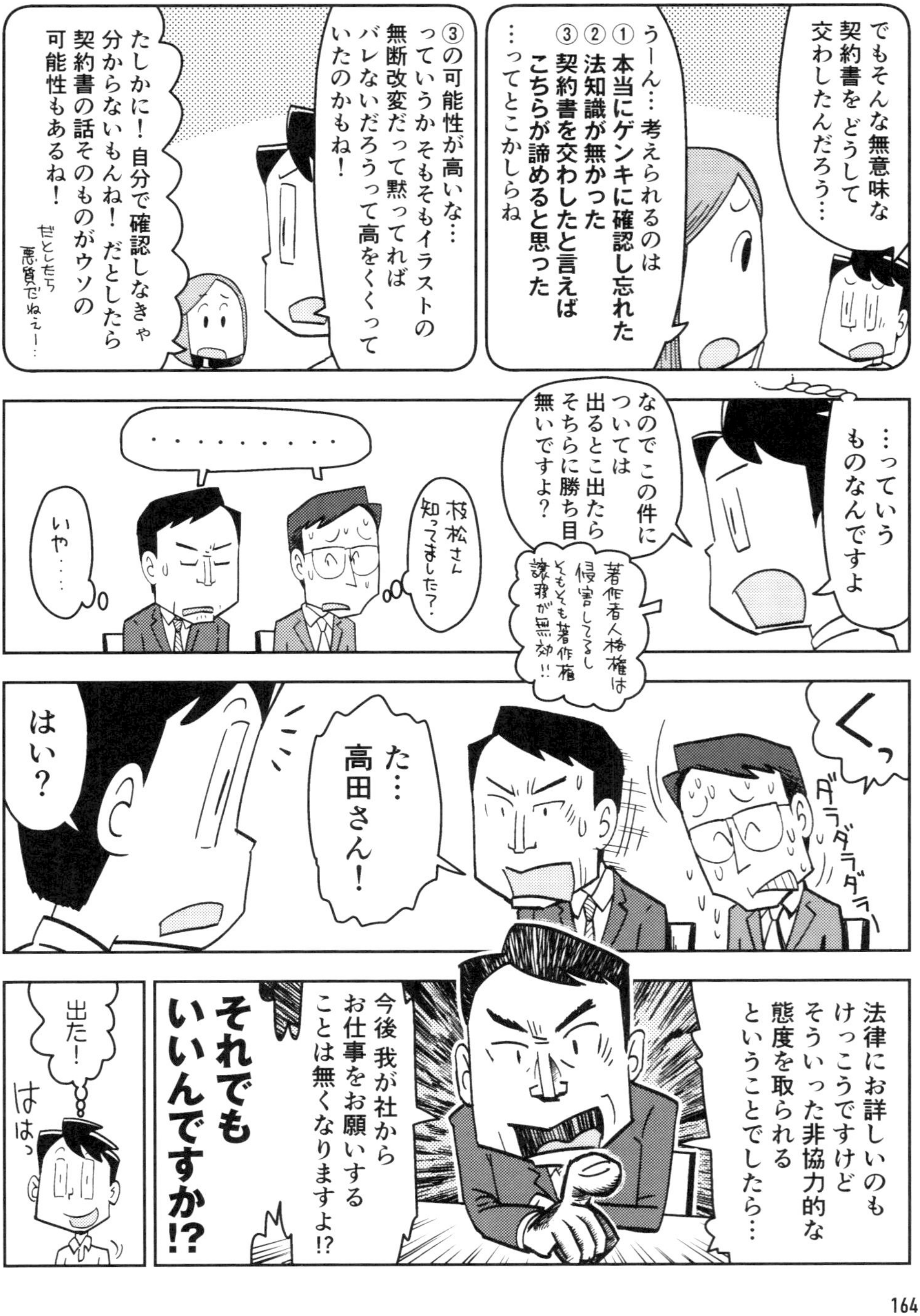
でもそんな無意味な契約書をどうして交わしたんだろう…
うーん… 考えられるのは
①本当にゲンキに確認し忘れた
②法知識が無かった
③契約書を交わしたと言えばこちらが諦めると思った
…ってとこかしらね
③の可能性が高いな…
っていうかそもそもイラストの無断改変だって黙ってればバレないだろうって高をくくっていたのかもね!
たしかに! 自分で確認しなきゃ分からないもんね! だとしたら契約書の話そのものがウソの可能性もあるね!
だとしたら悪質だねぇー…
…っていうものなんですよ
なのでこの件についてはでるとこ出たらそちらに勝ち目無いですよ?
著作者人格権は侵害してるしそもそも著作権譲渡が無効!!
枝松さん知ってました?
いや……
…………
くっ
ダラダラダラ
た… 高田さん!
はい?
法律にお詳しいのもけっこうですけどそういった非協力的な態度を取られるということでしたら…
今後我が社からお仕事をお願いすることは無くなりますよ!?
それでもいいんですか!?
出た!
はは

はい
けっこうです！
ぴっ
こんないいかげんな
ことされたらこちらこそ
今後御社と仕事
したくないですから！
くっ
上司 枝松
3秒で論破！
このエージェントに所属している多くのクリエイターは専属なので枝松氏はこの脅しを常套手段にしていたようだが僕にはクライアントが他にもたくさんいて収入源が分散していたのでノーダメージ
もう話し合うだけ
時間の無駄ですから
早いとこ決めて
終わりにしましょうよ！
僕は当初のお話どおり季節
ごとの二次使用料を
お支払いをいただければ
それでいいんですから…
どーしても
著作権を買い取り
たければ売りますが
そっちの方が高く
つきますよ〜
ガチャ
ん？
おやおや…
穏やかではありませんねぇ

僕は著作権譲渡は原則的に断っており、例外的に譲渡する場合は初期制作費の5倍の金額を請求するので、この場合は1点のイラストが150万円になってしまう

いやぁ
すこし
話が聞こえて
きましてね…
しゃ…
社長!!!
どひー!!
イラスト
エージェント社長
速水 亮司
社長…？
立ち聞き？

私も少し同席していいかな？
はあ…どうぞ
この人たち何も決定権持ってなさそうですし…
あのね…
高田さん…
ギ
もう少し
おとなになりましょうよ！
!?
はぁ…
おとなに…ですか？
そうです…

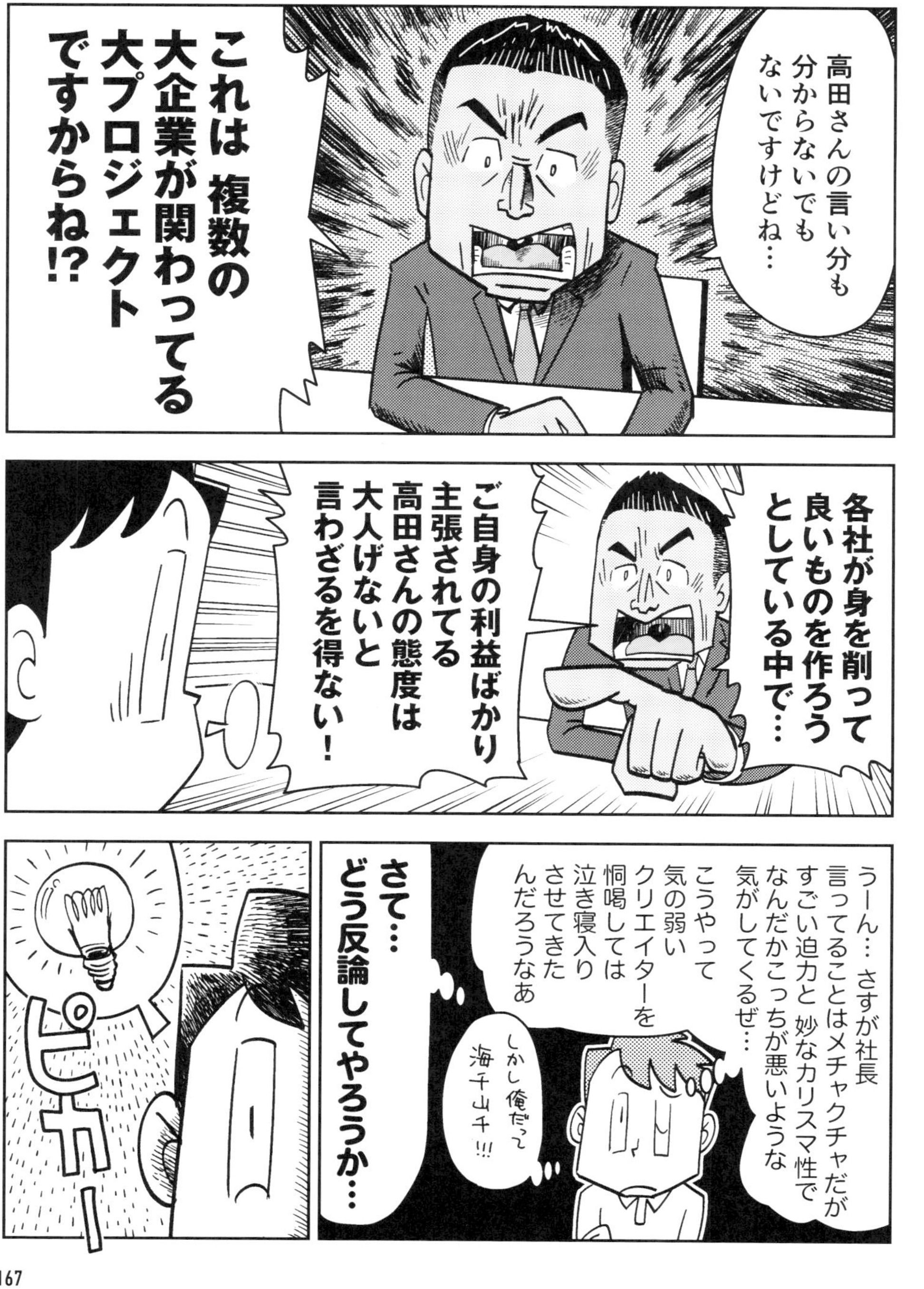
高田さんの言い分も
分からないでも
ないですけどね…
これは 複数の
大企業が関わってる
大プロジェクト
ですからね!?
各社が身を削って
良いものを作ろう
としている中で…
ご自身の利益ばかり
主張されてる
高田さんの態度は
大人げないと
言わざるを得ない！
うーん… さすが社長
言ってることはメチャクチャだが
すごい迫力と 妙なカリスマ性で
なんだかこっちが悪いような
気がしてくるぜ…
こうやって
気の弱い
クリエイターを
恫喝しては
泣き寝入り
させてきた
んだろうなあ
しかし俺だって
海千山千!!!
さて…
どう反論してやろうか…
ピカー

大企業と言えば社長！
今回の案件の広告代理店の藤本さんっていますよね？
広告代理店の藤本さん
!?
藤本さんがどうしたんです？
僕最初の企画会議で藤本さんにお会いして名刺交換したんですけど
明日にでも藤本さんに連絡して今回のことを僕から説明した上でクライアントに予算拡充の要請をしてもらえないか相談してきますよ！
い!?
そ…そんなことやめなさい！
高田さんみたいな一介の下請けイラストレーターが広告代理店の担当者にそんなことをするべきじゃないでしょう!!
いやいやいやそんなことないですよー
よしよしよーし…乗ってきた！

だってこの案件の制作費だって全部あの○○○旅行社からの予算でまかなわれてるわけですから
藤本さんに○○○旅行社にかけあってもらって予算拡充してもらえればめでたく僕へのイラスト料も当初のお約束どおりお支払いいただけるじゃないですか〜
本来なら御社がやるべきことを僕が代わりにやってあげるだけじゃないですか〜
クライアント
○○○旅行社
②予算拡充要請
広告代理店
藤本さん
①予算拡充要請
制作会社
イラストレーターエージェント
イラストレーター
わーい！
③イラスト料（二次使用料）支払い
それとも何ですか？藤本さんに僕が事情を話しちゃうと…
あれれれれ？
先方に出した見積額と僕に提示したイラスト料の食い違いがバレちゃうからマズいんですか？
ま…まさか最初から僕をかつぐつもりだったとか…？
くっ!!!
ギリッ
ドン
藤本さんにご迷惑はかけられないですから…
高田さんへの季節ごとの二次使用料は我が社持ちでお支払いしますよ…
はい！まことにありがとうございます！
キラーン
わー！やった！やったよ〜美穂子〜〜〜！
ジュワ!!
ガタ!!
社長だよ〜

あ！そうそう社長！
新しい契約書は今日交わしちゃいましょうね！
また・・・うっかり送りそびれないように！
あと夏バージョンの分の二次使用料は今月中にお支払いお願いしますね
そしてその年のクリスマス
いやー
ごちそうも食べられたし
ホクホク
クリスマスプレゼントも買えた！
それもこれも・・・
MERRY CHRISTMAS
著作権の
おかげだね!!

Column 11

イラストエージェントの存在

イラストエージェントとは、〝イラストを必要としている企業〟と〝イラストレーター〟をマッチングする会社です。イラストレーター側のメリットとデメリットは次のとおりです。

メリット

・自分で営業をしなくても仕事が来る
・個人の営業ではリーチできないような大企業やＢｔｏＢ（企業向け）のニッチなマーケットからの案件も獲得できる
・エージェントがディレクションを担当してくれるので、制作に集中できる

デメリット

・エージェントに一定のマージンを取られるため、クライアントから直接依頼される場合よりも報酬額が低い

なお、多くのエージェントは登録の際にクリエイターの経験年数・実績・画力等を基準に審査をするので、多くの場合、駆け出しで実績がない人は登録ができません。エージェントに登録したい人は、まずは自力で営業などをして実績を作ると良いでしょう。

著作権と著作者人格権

著作権はクリエイターにとって非常に重要ですが、なんとなく分からないままにしている人が多く、そこにつけこんで

クリエイターに不利な契約を結ぼうとする悪質な業者も少なくないのが現状です。

「クリエイターが著作権を譲渡すべきか」という問題に関しては、業種・業界にもよりますし個人個人で考えや状況も異なりますが、僕は「イラストレーターはよほどのことがない限り著作権は譲渡すべきではない」と考えています。

また、著作権を譲渡した場合でも、その後の著作物の扱いに関して著作者の意志は著作者人格権によって原則尊重されますが、近年は著作権譲渡の契約書に「著作者の著作者人格権の行使の放棄」も盛り込まれているケースが増えているので、その点も合わせて、少しでも自分の権利が侵害されそうな内容だと感じたら、安易に締結せずによく確認することをおすすめします。

クリエイターにとっての著作権や
著作者人格権はRPGゲームにおける
盾や甲冑などの防具のようなもの。譲渡すると
自分の身を守れなくなってしまうので要注意。

第5章

フリーランスの移住術

時は流れて
2012年…
僕らは…
ベルリンにいた!!!
来ちゃった…
U
2012年 12月
（当時36歳）
第21話 そしてベルリンへ……

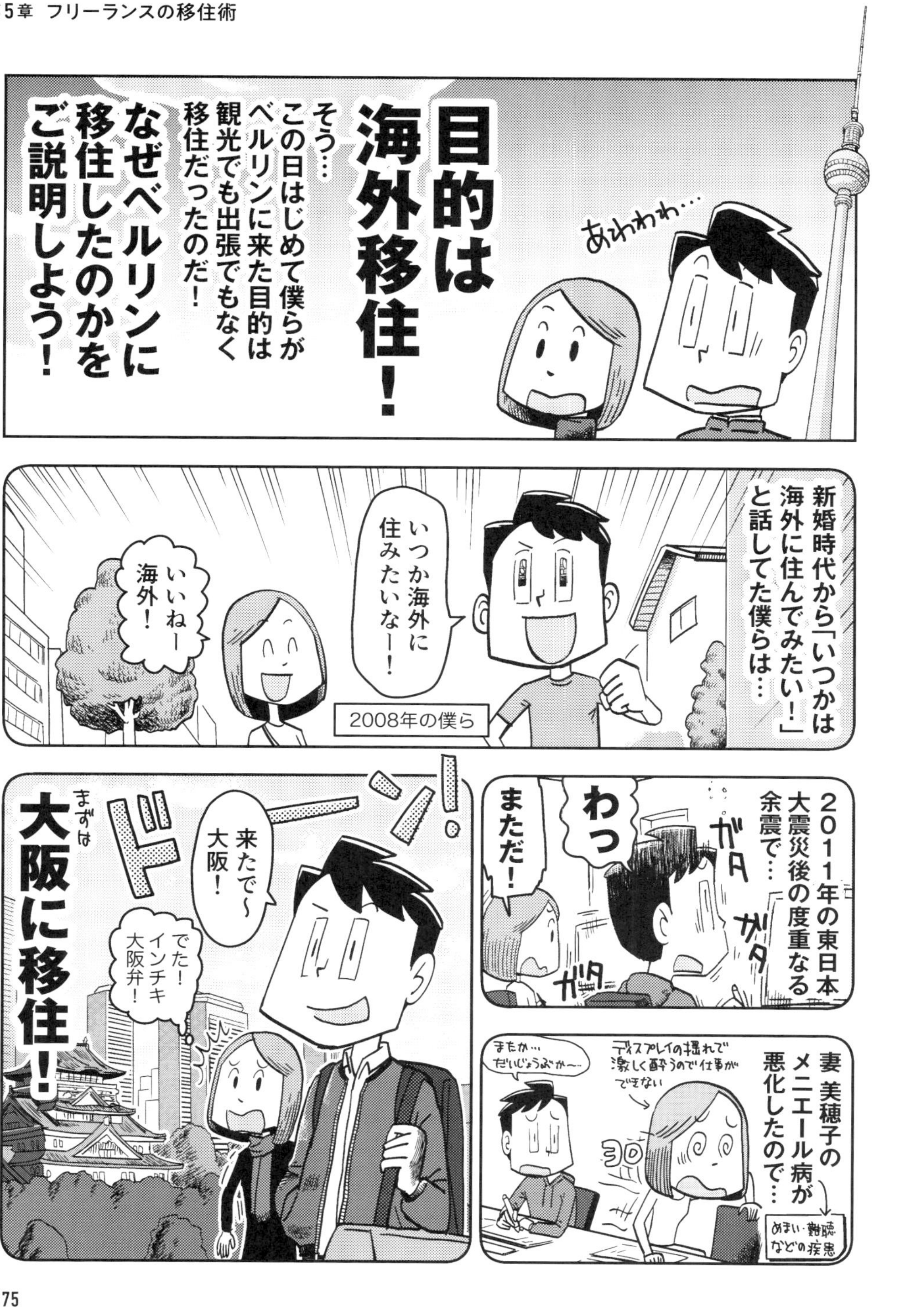
目的は海外移住！
そう…この日はじめて僕らがベルリンに来た目的は観光でも出張でもなく移住だったのだ！
なぜベルリンに移住したのかをご説明しよう！
あわわわ…
新婚時代から「いつかは海外に住んでみたい！」と話してた僕らは…
いつか海外に住みたいなー！
いいねー海外！
2008年の僕ら
2011年の東日本大震災後の度重なる余震で…
わっ
まただ！
ガタ
ガタ
ガタ
妻 美穂子のメニエール病が悪化したので…
めまい・難聴などの疾患
またか…だいじょうぶかー…
ディスプレイの揺れで激しく酔うので仕事ができない
まずは大阪に移住！
ドドーン！
来たで～大阪！
でた！インチキ大阪弁！

当初は東京からの仕事が激減することも覚悟の上での移住だったが 移住して数ヶ月経ってもまったく減らないどころか 大阪のクライアントからの仕事も獲得できたので…
むしろ仕事は増加！
「フリーランス」×「移動生活」は最強かも…
モニターが揺れないって素晴らしすぎ…
そして僕らは気づいた
もはやロケーション関係なく仕事ももらえるし 生活もできちゃうってことはさ…
海外移住もできちゃうんじゃない!?
私たち日本にいても夜型だから時差みたいなもんだし!!
よーーーし!!! 海外移住やったるで〜！
フリーランスの可能性の限界に挑戦や〜〜!!
おーーー!!!

それからは 自分たちに合う 移住候補地を探すための リサーチの日々だった
そんなある日…
あ！ドイツのベルリンって 今世界中から移住者が 集まって盛り上がってる らしいよ！いいかもね！
ベルリンが面白 そうなんだけど…
Berlin is becoming the Hottest Destination for StartUp People
でもやっぱり 英語圏の国が 良いよね…
！
ちょっと まって！
ガタ
ドイツ…
ぱあ
いいな！
まじ!?
よーし！
じゃあ 移住先は ドイツにするか！
やったー！
こうして 移住先はドイツの首都 ベルリンに決定！
ちなみに 僕らが 移住先に ベルリンを 選んだ大きな 理由は この４つ！
① フリーランスのクリエイターでも比較的簡単にビザが取れる※
② 国際都市なので英語がかなり通じる
③ 世界中のクリエイターが集まっていてアートシーンが盛ん
④ ITスタートアップカルチャーが盛り上がっている
※2012年当時の状況です。2018年現在はかなり条件が厳しくなっています。
ちなみに 私たちが どうして英語を 話せるかと いうと…

この当時オンライン英会話を毎日やってたからなんです！
オンライン英会話をはじめたばかりの頃
Umm…
Ah…
Let's talk!
Don't be shy!
２０１１年にはじめたばかりのころは全然喋れなかったよね…
語学学習は最初は苦痛だけど習慣化するとどんどん楽しくなるし
今日のレッスン何について話そうかな〜
あ、「伸び縮み」って英語で何て言うんだっけ…？
英語を話せると外国の人と友達になれたり外国に住めて人生の可能性が広がるよね！
うんうん！本当にオンライン英会話やってよかった…
実際 ベルリンの中心地ミッテ地区などでは移民やITスタートアップが多いこともあり英語を話している人が非常に多い
また 英語だ…
そんなこともあってベルリンに移住してから数年経っても僕らはオンライン英会話を続けて英会話スキルを磨いたのだった
hello (again)
Hello! How have you been?
Hi!!

※現在はドイツ語も鋭意勉強中

…で ベルリンの生活はどうだったかというと

とにかく 超刺激的な経験の連続だった!!!

そして
2016年 秋…
ベルリンの産院で…
おぎゃあ
念願の第一子
長男
すやぁ…
誕生!!!
出産に立ち会った僕は
いろんな感情が溢れて
3日間泣き続けた
お…おう…
ゲ…
ゲンキって
泣くんだ…
↑ひいてる
そして この時すでに
このマンガの連載を始めていた僕は…
俺…
当面
連載休んで
育児サポートに
専念する!!!
…と言ったところ

妻の美穂子は…
気持ちは嬉しいけど連載は続けなよ…
私ね 妊娠中 特につわりがひどかった時期にやりたいイラストの仕事来たのに泣く泣く断ったじゃない？あれ 本当に悔しかったの…だからゲンキにはマンガ連載を続けてほしいよ それが今一番やりたい仕事なんでしょ？
そ…そっか じゃあ連載だけは続けようかな
たしかに続けられるのはうれしいし…
伊藤さんも喜ぶと思う…
ThinkITの担当編集者伊藤タカシ氏
うんうん
しかし何を描こうかなあ
今までみたいにベルリンの人とかスタートアップとかイベントとかの取材は当面はできないし…
育児中心の生活になるからね
それを自分の判断でできるのもまたフリーランスの良いところ
う～～ん…
あ！そうだ!!

フリーランスを
テーマにしたら?
ほらフリーランスになりたい人からの問い合わせが増えてるからそういうのいつか描きたいって前に話してたじゃん!
!!
なるほど!
たしかに今こうして好きな場所で好きなことをして生活できてるのも…
フリーランスとしてがんばってきたからこそだもんね!
ある意味究極のライフハック!!
そうそう!
ありがと!
それやってみるよ!
うん
がんばって!

その夜
よし… ネーム描くぞ！
産院のKantine（食堂）
フリーランス っていう働き方に 関心ある人に向けて 何から描き始めよう かな…
会社を辞めてフリーに なる決意をするシーン からにするか…
ザザ…
うん… いい感じかも
カリ
カリ
カリ
カリ
そして この シリーズの タイトルは…

おしまい

Column 12

英語とパソコンでフリーランスの可能性は無限大

2010年頃からノートパソコンが急速に進化したことがきっかけで、それまでデスクトップパソコンでの作業が前提だったクリエイター達が移動しながら仕事をできる時代になりました。

僕らも大阪に移住してみて「これは英語さえできれば海外でも生活できるのでは」という実感を得て、英語学習→海外移住を実行しました（オンライン英会話は2011年11月に開始し、平均一日50分のレッスンを約1年受講後、2012年12月に渡独）。

このように、フリーランスはその柔軟性を活かして自分の興味関心やライフスタイルと仕事を自由にアレンジすることができるのです。僕らの海外移住の動機のひとつは「フリーランスはどこまで自由なのか？ その限界と可能性を見てみたい」と思ったからなのですが、海外移住から5年以上経った今なお、その限界は見えず、まさに「フリーランスの可能性は無限大」であると感じています。そして、この可能性は少しの気づきと努力で誰でも手にすることができ得るものなのです。本書を通して一人でも多くの人がその気づきを得られたとしたら、こんなに嬉しいことはありません。

ペコ!!
みなさん!『フリーランスで行こう!』を最後まで読んでいただき…
ありがとうございました!!
エピローグ 僕が発信しつづける理由
念願だったマンガ書籍出せて嬉しいでしょ!
うん!
俺ホントにラッキーだと思うよ!
いやいや…
ラッキーだけじゃないよ!
これはゲンキがずっと続けてきた発信のひとつの結果でもあるわけでしょ?
つまり自分で引き寄せてるんだよ!!
たしかに!!
でもそういえばゲンキって昔はぜんぜん発信しなかったよね
いつから始めたんだっけ?
「俺が発信とかしたら炎上必至だからヤダ!!」
…とか言って… まぁ発信してみたらホントに炎上したけど…

その話をするには4年前…
2014年まで
さかのぼる必要がある…
あれ？長い話始まった…？
忘れもしない
2014年2月1日…
僕はフリーランス
10周年を迎えた
やったぜー!!
おめでとー！
日本からの仕事が減る
ことを覚悟して
ベルリンに移住し すでに
2年が経過していたが
逆に日本からのイラストの
依頼は増えるばかり…
おおー！
ピコーン
また新規案件
ゲットだぜー！
いいね～！
いよいよ ひとりでは対応できなくなってきた上に
この時期 日本以外の海外からの仕事の問合せも
増えてきたので…
よ～～～し
今までの仕事は
なるべく
若手に
引き継いで
もらって
俺は新しい
マーケットを
切り拓くぞ！
よっしゃー
頑張れー！
……
…と
思ったの
ですが…
あ!!
いけね!!!
？

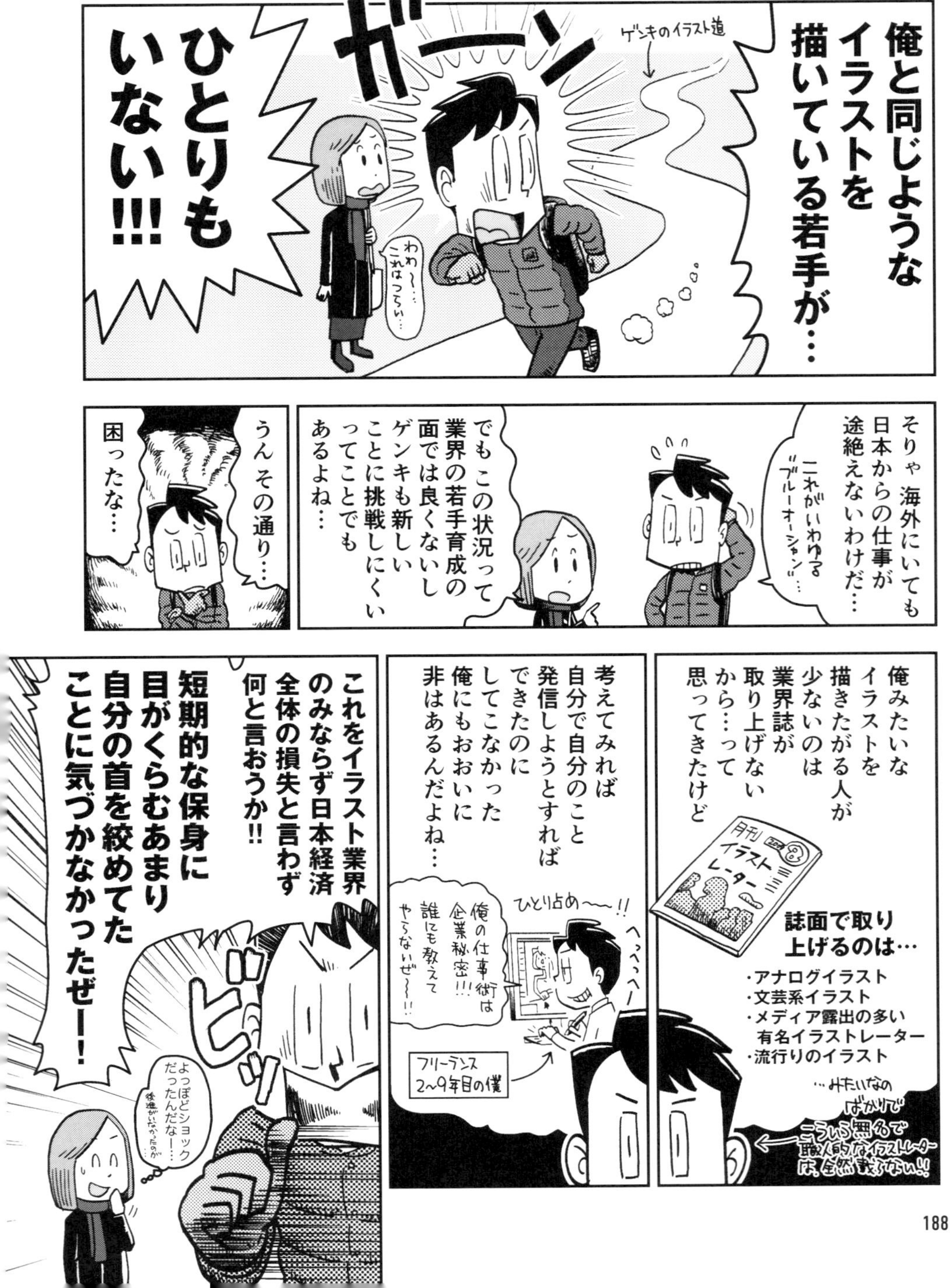
俺と同じようなイラストを描いている若手が…
ゲンキのイラスト道
ガーン
ひとりもいない!!!
わわ～…これはつらい…
そりゃ海外にいても日本からの仕事が途絶えないわけだ…
これがいわゆる"ブルーオーシャン"…
でもこの状況って業界の若手育成の面では良くないしゲンキも新しいことに挑戦しにくいってことでもあるよね…
うんその通り…
困ったな…
俺みたいなイラストを描きたがる人が少ないのは業界誌が取り上げないから…って思ってきたけど
月刊イラストレーター
誌面で取り上げるのは…
・アナログイラスト
・文芸系イラスト
・メディア露出の多い有名イラストレーター
・流行りのイラスト
…みたいなのばかりで
こういう無名で職人的なイラストレーターは、全然載らない!!
考えてみれば自分で自分のこと発信しようとすればできたのにしてこなかった俺にもおおいに非はあるんだよね…
ひとり占め～～!!
へへへへ
俺の仕事術は企業秘密!!!
誰にも教えてやらないぜ～～!!
フリーランス2～9年目の僕
これをイラスト業界のみならず日本経済全体の損失と言わず何と言おうか!!
短期的な保身に目がくらむあまり自分の首を絞めてたことに気づかなかったぜー!
ビシッ
よっぽどショックだったんだなー…
後進がいなかったのが…

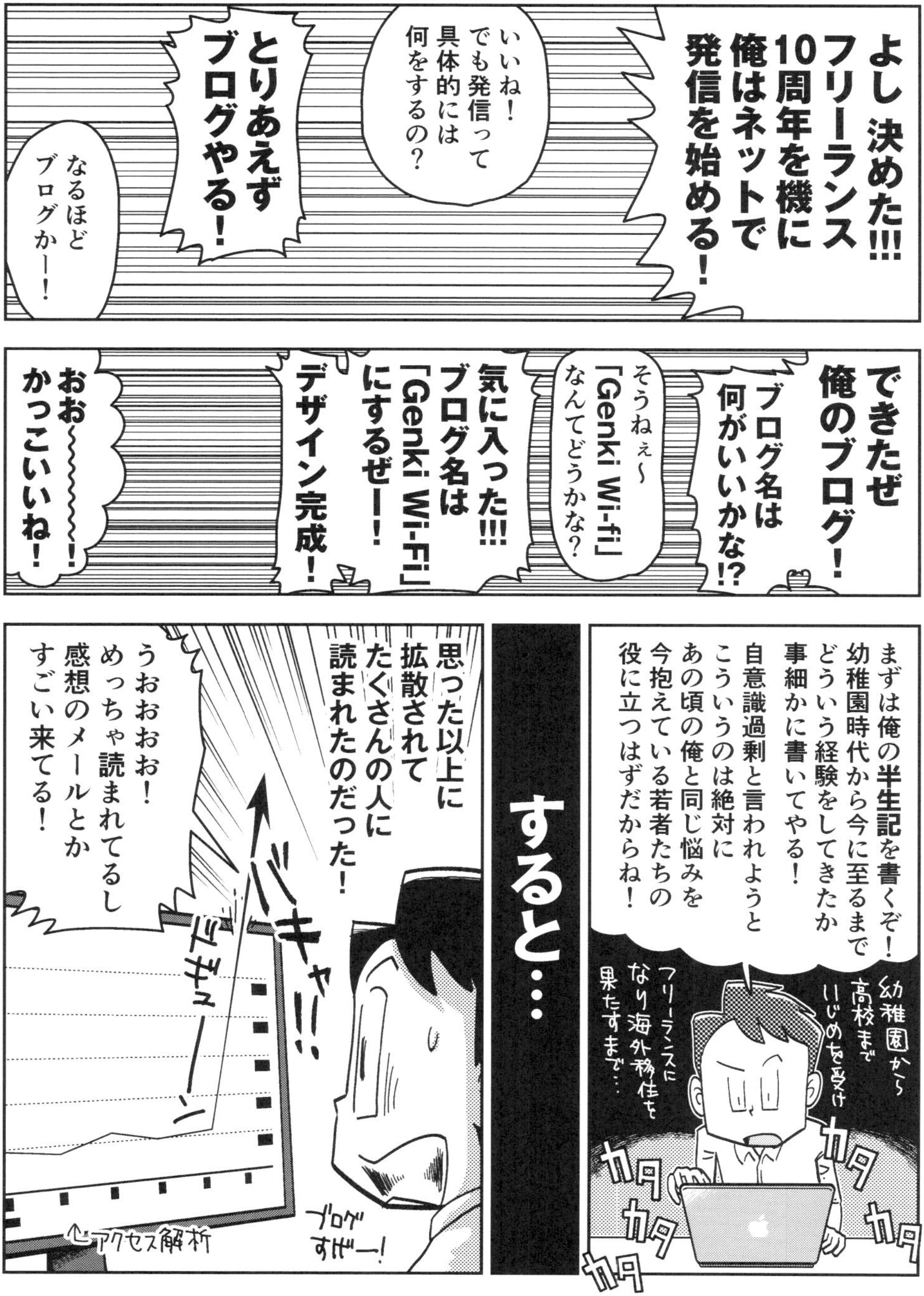
よし 決めた!!!
フリーランス10周年を機に俺はネットで発信を始める！
いいね！
でも発信って具体的には何をするの？
とりあえずブログやる！
なるほどブログかー！
できたぜ俺のブログ！
ブログ名は何がいいかな!?
そうねぇ～「Genki Wi-fi」なんてどうかな？
気に入った!!!
ブログ名は「Genki Wi-Fi」にするぜー！！
デザイン完成！
おお～～～～～！
かっこいいね！
まずは俺の半生記を書くぞ！
幼稚園時代から今に至るまでどういう経験をしてきたか事細かに書いてやる！
自意識過剰と言われようとこういうのは絶対にあの頃の俺と同じ悩みを今抱えている若者たちの役に立つはずだからね！
幼稚園から高校までいじめを受けフリーランスになり海外移住を果たすまで…
カタ
カタ
カタ
カタ
カタ
すると…
思った以上に拡散されてたくさんの人に読まれたのだった！
うおおおお！
めっちゃ読まれてるし感想のメールとかすごい来てる！
バキャ!!
ズギューーン
アクセス解析
ブログすげー！

味をしめた僕は
これ…文章でこれだけ読まれるってことは…
マンガにしたらもっと読まれるんじゃないか？
…などと思い
マンガにしてみたところ…
本当にもっと読まれたのだった！
マンガすっげ！
ギューーン!!
そしてブログ上でのマンガを更新していくうちにマンガ連載依頼の連絡を複数のメディアからいただくようになったのだった
高田様
はじめまして。○○出版の××と申します。ブログのマンガを拝見しご連絡さしあげました…
高田さん
はじめまして。マンガ連載に関
おおおおおー!!
よし！何か新しいテーマで新連載の企画を考えよう！
半生記は思いつき且つ実験的にブログにアップしただけだからね…
何が良いかねえ～…

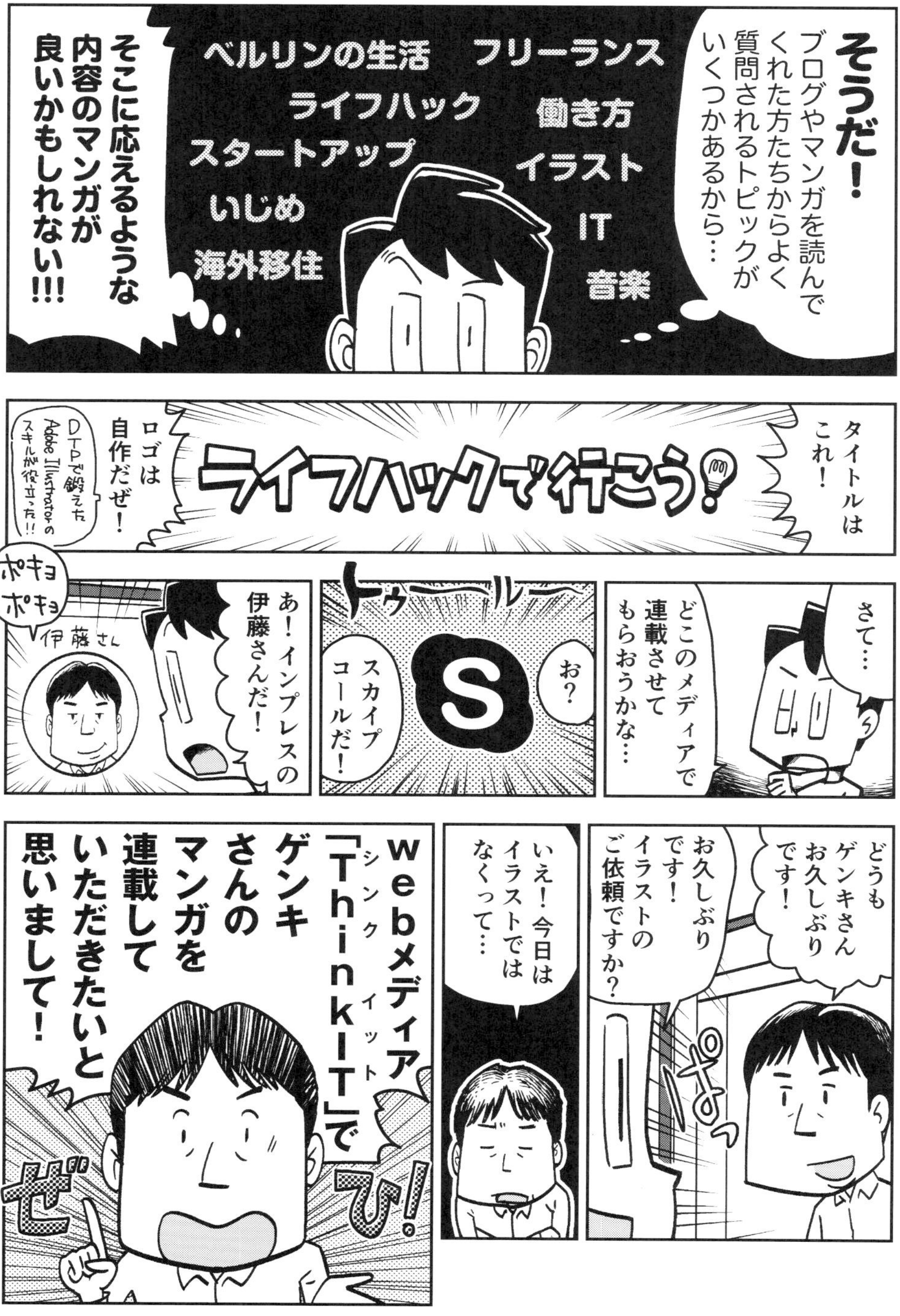
そうだ！
ブログやマンガを読んでくれた方たちからよく質問されるトピックがいくつかあるから…
フリーランス
働き方
イラスト
IT
音楽
ベルリンの生活
ライフハック
スタートアップ
いじめ
海外移住
そこに応えるような内容のマンガが良いかもしれない!!!
タイトルはこれ！
ライフハックで行こう！
ロゴは自作だぜ！
DTPで鍛えたAdobe Illustratorのスキルが役立った!!
さて…
どこのメディアで連載させてもらおうかな…
トゥールルー
お？
スカイプコールだ！
あ！インプレスの伊藤さんだ！
ポキョポキョ
伊藤さん
どうもゲンキさんお久しぶりです！
お久しぶりです！イラストのご依頼ですか？
いえ！今日はイラストではなくって…
webメディア「ThinkIT《シンクイット》」でゲンキさんのマンガを連載していただきたいと思いまして！
ぜひ！

インプレスさんは今まで書籍のイラストを数多く描かせてもらって関わってきたけど
出版業界の中でもダントツで相性が良くて仕事がしやすいし
出している本も好感が持てる物ばかり…
自分の本を出すとしたらインプレスから出したいぞー!!!
はい！ぜひぜひThink《シンク》IT《イット》で『ライフハックで行こう！』を連載させて下さい！
よかったね〜〜！
おおやった！ぜひぜひお願いします！
そんないきさつでウェブメディアThink《シンク》IT《イット》で連載を開始！
ガシ！
そして伊藤編集さんをはじめとしたインプレスの編集さんたちの強力なサポートを得て2016年8月にシンクイットで連載スタート！
【マンガ】第1話 僕らがベルリンに移住した理由
ライフハックで行こう！
第1話 僕らがベルリンに移住した理由
特にこのフリーランス編（シンクイットでは『フリーランスのススメ』というサブタイトルで掲載）開始以降はたくさんの方が連載を楽しみにしてくれるようになりアクセス数が急増！
『ライフハックで行こう!』ページビューの推移
"フリーランスのススメ"編スタート
うわわわ〜!すごい…!!
おおー!!やりましたね!!

その勢いで
2017年8月には大阪で…
『ライフハックで行こう！』
オフ会開催！
ベルリンよりSkype登壇
さらには 同年12月に
東京のインプレス本社で
『ライフハックで行こう！』
公式ファンミーティングも開催
されたのだった
超豪華ゲスト登壇者!!
『ブログ飯』著者の染谷昌利さんと
プロブロガーのあんちゃさん
ブロガー wasabiさん
そして2018年1月…
シンクイットにて
『フリーランスのススメ』が完結！
あしかけ1年2ヶ月に及ぶ
ロングラン連載だった
おしまい
「フリーランスのススメ」編、
そして
気づけば…

僕のメッセージはいつの間にか
たくさんの人に届いていて
わやわや
わや
私も!
僕も!!
フリーランスになりたいっス!
ゲンキさんに続け〜〜!!
ふりかえってみると
数年前には誰もいなかった
「フリーランス道」には…
たくさんの人が走っていたのだった!
ずず!!
中には
ゲンキさんのマンガを読んでフリーランスっていう働き方を知って
私もフリーランスになりました!
という人までいて…
そういう声を聴くと
発信しつづけてきて
本当に良かった!!!
…という気持ちを禁じ得ない
そんな僕のフリーランス論をまとめた一冊が…
バァアーーン!!
マンガ
フリーランスで行こう!
会社に頼らない、新しい「働き方」
高田ゲンキ著
この『フリーランスで行こう!』なのだ!!!

そう考えるとたしかに自分で続けてきた発信のひとつの結実としてこの本ができたんだよね…
なんか感慨深いな…
そうだよー！
もちろんたくさんの人の協力もあってこそだけど原点はそこでしょ！
…というワケでフリーランサーやフリーランスを目指す人には発信することを強くオススメしますぞ！
そして…
バイバーイ!!
これからも発信を続けていきますのでどうぞよろしくお願いします!!!
また会いましょう！

『フリーランスで行こう！』を最後まで読んでいただきありがとうございました

[Editor]
伊藤 タカシ
山本 陽一
鈴木 教之

[Special Thanks]
大寺 聡
ベルリンの友人たち
高田 美穂子

取材・執筆に協力してくださった皆さま、
「フリーランスのススメ」を毎回読んでくださった読者の皆さま、
本当にありがとうございました。

『ライフハックで行こう！』をこれからもよろしくお願いいたします。

あとがき

「フリーランスでしっかり稼げて健康で英語がある程度できたら、人生の問題の９割以上は解決する。特にフリーランスになれるかどうかが大事。そして、〝人生の問題の解決〟こそが究極のライフハック」

『ライフハックで行こう！』の連載中に時々受けた「ライフハックをテーマにした漫画の中で、なぜ長期にわたってフリーランスについて描いているのか？」という質問に対して、僕は必ず冒頭のように答えていました。

多くの人は、フリーランスになるか否かを「働き方」の問題だと考えていますが、実は働き方を含んだ「生き方」の問題なのです。フリーランスになる（あるいは、なれるだけのスキルを持っておく）ことで、いざという局面において自分の人生をかなり自由にコントロールできるからです。そしてこれは、自分だけでなく自分のまわりの人や自分が大切にしている人も幸せにします。僕は、フリーランスはＩＴ全盛で多様性に溢れたこの時代だからこそできる、可能性にあふれた生き方だと確信しています。

そんな思いで描いた本書ですが、ｗｅｂ連載期間中には当初の予想より遥かに多くの方からたくさんの反響をいただき、フリーランスの働き方に関心を寄せている人が近年急増していることを強く実感しました。そのような時勢において、こうして一冊の本にまとめて世に出せるのは本当に意義深いことだと感じています。

本書を作るにあたって辛抱強く尽力いただいた、インプレスの伊藤タカシ編集、山本陽一編集部長、鈴木教之編集長には、この場を借りて厚くお礼を申し上げます。そして何より、執筆と出版準備の時期が息子の出産と育児に重なってしまったにも関わらず、快く後押ししてくれた上に、たびたび有益なアドバイスをしてくれた妻・美穂子には感謝してもしきれません。

今後も僕と妻を（そして時には息子も）主人公に、ライフハックやフリーランスをテーマにしたマンガを描いていきます。最後までお読みいただき、ありがとうございました。また会いましょう!!

高田ゲンキ

■著者プロフィール

高田ゲンキ（たかた げんき）

ベルリン在住のイラストレーター／漫画家。1976年生、神奈川県出身。2004年にフリーランスとして活動開始。以来、フルデジタルの制作環境を活かして場所や業界慣習に囚われない自由なワークスタイルを確立。2012年に夫婦でドイツ移住。仕事術、ライフハック術、人生論などをブログやSNSでも発信中。一児の父。

ブログ『Genki Wi-Fi』→ https://genki-wifi.net/
Twitter → @Genki119

■STAFF LIST

- カバーデザイン・本文デザイン
  細山田光宣＋狩野聡子（株式会社細山田デザイン事務所）
- DTP
  柏倉真理子
- 編集
  伊藤隆司

※本書は、インプレスが運営するWebメディア「Think IT」で、「ライフハックで行こう！—Think IT edition—」の「フリーランスのススメ」として掲載された一部を書籍用に再編成したものです。
※本書の内容によって生じる、直接または間接被害について、著者ならびに弊社では、一切の責任を負いかねます。
※本書の情報については細心の注意を払っておりますが、正確性および完全性等を保証するものではありません。

本書のご感想をぜひお寄せください

https://book.impress.co.jp/books/1118101015

読者登録サービス CLUB IMPRESS
アンケート回答者の中から、抽選で**商品券**（**1万円分**）や図書カード（1,000円分）などを毎月プレゼント。
当選は賞品の発送をもって代えさせていただきます。

■ 商品に関する問い合わせ先
インプレスブックスのお問い合わせフォームより入力してください。
https://book.impress.co.jp/info/
上記フォームがご利用頂けない場合のメールでの問い合わせ先
info@impress.co.jp

●本書の内容に関するご質問は、お問い合わせフォーム、メールまたは封書にて書名・ISBN・お名前・電話番号と該当するページや具体的な質問内容、お使いの動作環境などを明記のうえ、お問い合わせください。
●電話やFAX等でのご質問には対応しておりません。なお、本書の範囲を超える質問に関しましてはお答えできませんのでご了承ください。
●インプレスブックス（https://book.impress.co.jp/）では、本書を含めインプレスの出版物に関するサポート情報などを提供しておりますのでそちらもご覧ください。
●該当書籍の奥付に記載されている初版発行日から3年が経過した場合、もしくは該当書籍で紹介している製品やサービスについて提供会社によるサポートが終了した場合は、ご質問にお答えしかねる場合があります。

■ 落丁・乱丁本などの問い合わせ先
TEL 03-6837-5016 FAX 03-6837-5023
service@impress.co.jp
（受付時間／10:00-12:00、13:00-17:30 土日、祝祭日を除く）
●古書店で購入されたものについてはお取り替えできません。

■書店／販売店の窓口
株式会社インプレス 受注センター
TEL 048-449-8040
FAX 048-449-8041
株式会社インプレス 出版営業部
TEL 03-6837-4635

フリーランスで行《い》こう！
会社《かいしゃ》に頼《たよ》らない、新《あたら》しい「働《はたら》き方《かた》」

2018年 8月21日 初版発行

著　者　高田《たかた》ゲンキ
発行人　小川 亨
編集人　高橋隆志
発行所　株式会社インプレス
〒101-0051　東京都千代田区神田神保町一丁目105番地
ホームページ　https://book.impress.co.jp/

印刷所　音羽印刷株式会社

ISBN978-4-295-00457-8 C2063

Printed in Japan